春潮 NOV+

回到分歧的路口

加害人家属

加 害 者 家 族

[日] 铃木伸元 著　陈令娴 译

中信出版集团 | 北京

图书在版编目（CIP）数据

加害人家属 / (日) 铃木伸元著 ; 陈令娴译. -- 北
京 : 中信出版社, 2022.1
ISBN 978-7-5217-3694-6

Ⅰ.①加… Ⅱ.①铃…②陈… Ⅲ.①家庭问题—研
究 Ⅳ.①C913.11

中国版本图书馆CIP数据核字 (2021) 第 218152 号

加害人家属

著　者 : [日]铃木伸元
译　者 : 陈令娴
出版发行 : 中信出版集团股份有限公司
　　　　　（北京市朝阳区惠新东街甲 4 号富盛大厦 2 座　邮编　100029）
承 印 者 : 天津丰富彩艺印刷有限公司

开　本 : 787mm×1092mm　1/32　　印　张 : 9　　字　数 : 88 千字
版　次 : 2022 年 1 月第 1 版　　印　次 : 2022 年 1 月第 1 次印刷
京权图字 : 01-2021-4267
书　号 : ISBN 978-7-5217-3694-6
定　价 : 49.80 元

前言

　　根据日本 2009 年度的《犯罪白皮书》，警方认定 2008 年度全日本发生的犯罪案件数量为 2 533 351 件。

　　其中主要罪名如下，未遂案件皆包括在内：

　　杀人：1 297 件

　　盗窃：4 278 件

　　伤害：28 291 件

　　殴打：31 641 件

　　诈骗：64 427 件

　　强制性交：1 582 件

　　强制猥亵：7 111 件

　　车祸过失致死伤等：714 977 件

这些案件不仅使被害人成为媒体焦点，不少被害人家属也会遭到媒体的采访攻击，受到二次伤害。

另一方面，经常遭人遗忘的是，有这么多起案件，就代表背后同样存在着许多加害人家属。

很多人都觉得"我不会成为加害人"，然而，自己不犯罪，并不代表不会因为家人犯罪而成为加害人家属。

例如小孩犯罪的家长、配偶犯罪的丈夫或妻子、父亲或母亲犯罪的儿童，连同亲戚犯罪的人一并算起来，每起案件背后其实牵连者众。

加害人家属往往必须承受来自社会的巨大压力。

因为家人犯案而失去工作、不停搬家；小孩必须不断转学，无法过上正常生活；更不要提一天到晚响个不停的电话、住宅或公司地址等个人资料遭到网友人肉搜索，以及住宅遭到涂鸦泼墨等各种难以想象的毁谤中伤。

不少加害人家属因为熬不过残酷的现实而自杀，例如连续诱拐杀害女童的杀人犯宫崎勤的父亲，便是跳多摩川自杀的。被害人家属的叹息与痛苦当然不计其数，而加害人家属的人生也随之陷入深渊，再也无法恢复平静。神户连续杀害儿童事件，犯人是 14 岁的中学生，导致两人死亡、三人受伤；长崎诱拐杀害男童事件，中学男生杀害了 4 岁男童；还有秋田连续杀害儿童事件，畠山铃香杀害了自己的女儿和邻居的儿子，等等，都是日本人记忆犹新的案件。这些案件背后都有加害人家属，而这些人是如何面对亲人犯罪，又是如何度过往后人生的呢？

本书将聚焦至今尚鲜有人讨论的加害人家属，分析他们被迫背负的十字架有多么沉重，以及他们赎罪的方式。

contents

目录

Chapter

2　　第二章　重访轰动的旧案

Chapter
3　　第三章　互联网狙击

Chapter

第四章　青少年犯罪，预防比惩罚更有必要

第五章　各国对加害人家属的关注

chapter 1

第 一 章

一个平凡家庭

警方来电

这是一个随处可见的平凡家庭。

太太浅野洋子（化名）已年过35岁，和比自己小的丈夫、小学低年级的儿子住在一起。她在出租车行负责庶务工作，丈夫则在公公经营的小工厂做事。丈夫个性温和，几乎不曾大呼小叫。儿子雄太（化名）很喜欢足球，每逢周末便到当地的少年足球队踢球。由于夫妻俩都在工作，小孩平常放学了就会去学校的托管班。

洋子虽然整日忙于工作与家庭，但对于生活并未感到特别不满，过着平凡充实的每一天。

然而，这样平凡幸福的日子，却在某一天突然毫无预兆地分崩离析。

那是2006年2月某个冬日的傍晚，天气十分寒冷。

当洋子正在准备晚餐时，家里的电话突然响起来。她接起电话，对方自称是警察，说要找她的先生。她望向丈夫，露出了难以置信的表情，丈夫也一脸惊讶地接过了电话。

他很快就挂断了电话，留下一句"警察好像想问我一些事情，我去去就回"便出门了。洋子这时候还没想到丈夫是杀人凶手。夜里回家后，丈夫只说了句："没事，没问题。"

他平常就是个沉默寡言的人，因此洋子并未特别在意。

然而审讯并不是一次就结束了，第二天、第三天丈夫又去了警察局。

洋子开始担心，丈夫却还是回应"没事"，不愿多说。

到了第三天，洋子越来越不安，于是趁着丈夫不在家的时候找出了前些天的报纸，仔细翻阅。她认为丈夫可能卷入了当地某起尚未抓到嫌犯的案件中。

其中一则短短的报道吸引了她的目光——邻镇发生了命案，警方尚未找到嫌疑人，目前正在调查。

当天夜里，面对来接丈夫的警察，洋子直接开口问道："你们是为了这起案件而调查我先生吗？"

警察面无表情，仿佛拒人于千里之外："太太，不好意思，案情尚未厘清，我们无法透露细节。"但洋子的直觉告诉她，丈夫就是因此而受到调查的。

出乎意料的自白

从这时开始，洋子就忍不住一天到晚地思考丈夫与案件的关系。

丈夫一定是因为邻镇的命案而接受调查的，但是被害人与他不该有什么交集，更何况她绝不相信丈夫会杀人。虽然很想找人商量，不过丈夫目前只是配合警方调查，称不上嫌犯，洋子觉得还不用为此寻求协助。

有一天，洋子试着询问审讯完回家的丈夫："是因为那起案件吗？"丈夫老实承认了，同时告诉她："命案与我无关，你用不着担心。"洋子虽然很想相信丈夫，却发现自己无法完全信任对方。

就连在车行上班时，她的脑袋里都充斥着那起命案。

由于无法将此事从脑中清除，她又读了一次那篇报道。

这一次，她注意到报道中提到了警方推测的犯案时间，于是试着回想当时丈夫在做什么。

当她回想起来时，吓得倒抽了一口冷气，因为当天明明是不必工作的周末，丈夫却出门了。

报纸上推测的受害人死亡时间是星期天傍晚。那一天中午，丈夫说要去送货给附近的客户。虽然他有时的确会在周末送货，那天却是直到晚上才回到家。她还记得自己当时很纳闷：明明客户就在附近，怎么这么晚才回家？

或许丈夫就是这起凶杀案的凶手……她吓得全身颤抖。

警方的调查仍在继续。随着审讯的时间越来越久，洋子心中的疑惑也越来越强烈。凶手果然就是丈夫吗？或许他正在努力自证清白，所以审讯时间才会拉得这么长，但就算如此……

自愿配合的审讯已经进行了10天，洋子也不安到了极点。这一天，正当她在公司处理庶务时，接到了警方的电话："不好意思打扰您工作，您先生有话要跟您说，我们现在出发前往贵公司附近，可以麻烦您出来一趟吗？"

洋子搞不清楚这是怎么一回事，但可以感觉到原本的僵局出现了变化。

会合的地点是离公司有一段距离的小巷子，警方开着一辆普通的汽车前来。洋子一坐进后座就看到丈夫低着头，直到警方催促才开口。

"对不起……其实，人是我杀的。"

那一刻，洋子几乎听到了自己血液倒流的声音，整个人头晕目眩，一句话也说不出来。丈夫说完"对不起，我真的很对不起你"后，又低头陷入了沉默。

CHAPTER 1

丈夫遭到逮捕

丈夫坦承犯案的那天，洋子依照警方的指示回家，结果一整晚都没能合眼。

他说的是真的吗？如果是真的，之后的日子该怎么办？儿子会不会受到影响？种种烦恼在心头打转，她却不知道该和谁商量。

第二天早上，独生子雄太注意到父亲并未回家，便开口询问洋子。

她随口撒谎道："爸爸工作有点忙，要出差一阵子，暂时不能回家了。"之后就跟平常一样送儿子去上学。

洋子试着思考今后该怎么办，却怎么也想不到办法，只好照常上班。

下午，警察再次打电话给她："两三个小时之后就会对您的先生发出拘捕令，也会发布新闻稿。"

丈夫说的果然是实话。警察继续说下去，口气平淡："就事件的特性来说，媒体应该会大幅报道，到时你家附近可能会充斥着媒体记者，所以请尽早带孩子离开，要是把他卷进来就太可怜了。"

洋子挂断电话后急忙从车行早退，在开车回家的路上打电话给高中好友 A，简单说明情况，希望暂时把雄太托付给对方照顾。

洋子的父母在她小时候离婚，之后相继过世，因此她能够依靠的就只有好友 A 了。

去学校托管班接雄太时，雄太还因为母亲提早来接自己而流露出天真的喜悦。

等他一坐上车，洋子便告诉他："妈妈的工作也变忙了，所以你暂时要去 A 阿姨家住一阵子。等我工作告一段落，马上就去接你。"可能是因为母亲不由分说的强硬态度，雄太虽然露出不敢相信的表情，却仍然默默点头答应。

一回到家，洋子就赶紧把几天的换洗衣物塞进包里，又驱车离家。

她首先开往隔壁市的好友 A 家，刚下班的 A 已经在家里等她了。

洋子告诉 A："我丈夫好像闹出了什么事，详情我还不清楚，不过希望你能暂时让雄太避避风头。"A 表示尽可以把一切都交给她。听到洋子说"外子的事明天好像会上报，我知道详情后，再好好跟你说"，A 也并未追问任何细节。

被采访车包围

洋子离开 A 家后，先打电话到公司，告知老板大致的情形，请求老板允许她暂时住在公司的休息室。老板很干脆地答应了，还说："有什么困难，随时都可以来找我。"洋子听了眼泪差点掉下来。

开车前往公司的路上，洋子发现自己忘了带雄太的健保卡。接下来可能会有一段时间回不了家，所以最好现在就去拿，她赶紧开车返回。

但是她太天真了。

正当她要开进自家前方的小巷子时，发现眼前的景象和平常有些不一样。这一带到了晚上 7 点应该是一片漆黑，但位于巷子尽头的自家附近却异常明亮。

洋子停下车，张大眼睛凝视，发现家门口的空地上停了好几辆电视台的采访车，车灯亮晃晃的。附近还有一道人墙，闪光灯不时亮起，有人在拍照。眼前的一切仿佛电影，却又真实存在。如同警方所言，洋子再也无法靠近自己的家了。

她于是缓缓倒车离开，以免被媒体包围。

她先去了公司一趟，把换洗衣物等行李放进休息室，过了几个小时，打算再趁着深夜摸黑回家。她心想，还是把雄太的健保卡带在身上比较保险，反正这么晚了，媒体应该都走了吧。

当她回到自家附近时，车上的时钟显示已是深夜 12 点。

进入巷子后，她发现方才的灯光已全部消失，心想媒体果然离开了，于是放慢车速朝自家前进。

然而正当她靠近自家前方的空地时，平常空无一人的地方却隐约可见人影与车影。电视台的采访车和媒体租的车子都还停在空地上。

洋子大吃一惊：在这么严密的监视下，她根本无法靠近家门。

她只好维持原本的车速，缓缓通过家门口，驶回公司。

丈夫遭到逮捕，她在惊涛骇浪中度过了那一天。

丈夫瞒着她杀人，洋子于是在不知不觉中成为杀人犯的家属，也就是加害人家属。

加害人家属
不能哭也不能笑

　　我第一次采访洋子是在 2010 年 2 月，当时距离案发已经过了 4 年。我们约在东北地区的某个出租会议室见面。

　　见面之前，我曾请好几位加害人家属代我把信交给她，也尝试通过律师和援助组织询问她能否接受采访，却一直得不到正面的回应。

　　在这样的情况下，我最后通过在仙台成立的援助加害人家属的民间团体"World Open Heart"（敞开心扉，详见第五章），才终于采访到了洋子。

　　洋子的一头长发中掺杂了超乎她年龄应有的白发。儿子雄太穿着一身运动服，陪同她前来接受采访。

　　雄太喜欢踢足球，采访过程中也一直在一旁熟练地控球，球一刻也没离开过他脚下。一问才知道，原来他是当地 J 联盟球队的狂热球迷。

　　洋子露出虚弱的笑容说："我虽然对足球一点兴趣也没有，不过前一阵子在儿子的邀请下，和他一起加入了球迷俱乐部。"

　　她小心地斟酌着措辞，慢慢谈起事件经过。至今从未向其他人开口谈起那件事的她，接受这次采访也是经过了再三考虑。

"无论我怎么解释，都无法改变我是加害人家属的事实。想到被害人与被害人家属，我们无论多么悲伤痛苦，都无法开口。"

看来她很纠结自己身为加害人家属是否有资格发言。

我所采访的每一位加害人家属几乎都会提到这一点，他们觉得自己不但不能笑，也不能哭。

当然也有加害人家属表示："犯罪的是当事人，与我无关。"这种例子以少年加害人的家属居多，但这样的态度与发言往往会更加激怒被害人一方。

然而，多数加害人家属都会因为家人犯罪备受打击，自责不已，认为自己没有资格发言，因此一直坚决拒绝采访。

洋子也是这样。

尽管如此，告诉社会大众加害人家属的处境还是有它的意义，因此她才终于下定决心，倾吐这4年来的悲惨遭遇。

为了孩子，
隐瞒事实

从丈夫被逮捕的那天起，洋子便不再收看电视新闻，也不再读报。

一方面她认为丈夫不是真正的凶手，就算行凶，一定也是过失杀人；另一方面，她不想与案件沾上边的心情更胜于对丈夫的担心。

由于住在公司的休息室，洋子的生活不曾受到媒体骚扰，然而白天上班时她却会一直处于情绪紧绷的状态。

只要打开电视，每隔一小时就会播报一次相关新闻。这种时候，她总是悄悄离开座位，或是想办法集中精神在工作上，尽量不接触任何外界信息。

最让人担心的是儿子雄太。大人可以想办法不看新闻，小孩子却不知道会在何时何地接收到父亲犯案的消息，幼小的心灵还没有坚强到能够冷静应对。

洋子从未对儿子提及丈夫犯案一事，只是含糊以对："爸爸妈妈最近工作都很忙，所以不能住在家里。"她把儿子托付给好友 A，却又担心他会因为看到电视新闻而发现父亲是凶手，让自己尽力隐瞒的心血付诸流水。

她心想等过一阵子事情平静些，得好好向儿子说明真相，如果在这之前听到扭曲的信息，雄太的心灵可能会受伤。

因此洋子把雄太托给 A 时，特别劳烦她不要让儿子看电视。

A 于是拔掉电视插头，对雄太说："我家电视坏掉了，没办法看。"雄太对于看不到每个星期必看的卡通片感到不满，却也乖乖地没闹别扭。

被惹恼的邻居们

包围洋子家的媒体把采访范围扩大到了周边地区。

警察发布嫌犯被捕的新闻稿后，记者就开始挨家挨户地造访，想取得洋子丈夫的大头照。

日本报纸杂志或是电视节目中登出的嫌犯大头照，一般都不是警方提供的资料，而是嫌犯邻居或相关人士在接受记者采访时提供的。如果其他报社刊登了嫌犯的大头照，只有自家报纸没有的话，记者会遭到上司的严厉斥责，因此每家报社的记者都会为了取得大头照而拼死拼活。

到了深夜，记者还是络绎不绝地来骚扰洋子的邻居。受访的邻居也因为记者完全无视当地居民的生活、一天到晚来采访而累积了相当大的压力。

愤怒的邻居不但将矛头指向记者，也指向了洋子与她被捕的丈夫，毕竟他们受到的骚扰是因命案的犯人而起。

案发的第二天早上，各大报社都在早报的社会版刊登了对于这起案件的报道："男子因杀人嫌疑遭到逮捕。"

除了描述被害人的死亡经过，报纸还访问了被害人生前的亲友，对方表示"绝对不能原谅凶手"。报社公布了嫌疑人的名字和住宅的局部照片，甚至连他和妻子、上小学的儿子一家三口住在一起的事都写了出来。

不过，报道中没有嫌疑人的照片，因为最后没有一家报社拿到了洋子丈夫的大头照。

当地读者最多的报社也报道了事件的详情，于是"加害人是浅野家的"这一消息马上传遍了当地。

案件上报的那天早上，记者为了取得进一步的信息而前往雄太的小学。

雄太身为嫌疑人的儿子，当然跟学校请了假。记者于是转而采访雄太的同班同学。

据说学校附近出现了三四家报社的记者。

"你们认识浅野雄太吗？"

小孩子遭到陌生大人的包围，自然会因为不知发生了什么事而感到不安。

记者为了取得跟嫌犯相关的所有信息，理所当然地使尽了各种手段。他们有时会自行采访，而不仰赖警方提供的信息，借此凸显各种案件背景引人注目，有时甚至还能意外帮嫌疑人洗刷冤情。然而不可否认的是，这些采访也给相关人员带来了很大的困扰。

洋子事后才知道邻居遭到了媒体骚扰。

丈夫被捕数天后的傍晚，洋子认为媒体热潮已经退去，于是回了一趟家。住宅附近的电视台采访车和记者租来待命的车子都已经消失得无影无踪。正当她要跨入家门时，附近面熟的主妇叫住了她。

"浅野太太，你白天的时候不要回家。"

"我忘了点东西，所以回来拿。"

"可是媒体不知道什么时候就又会跑来骚扰，有事请你半夜再回家，免得引人注目。"

对此，洋子只能低头向对方道歉。

"而且记者晚上还跑来跟我们要你先生的照片，问我们知不知道你们家的情况，给我们添了很多麻烦。"

这一切都是丈夫不好，洋子只能拼命道歉。

这时，另外几位主妇也走了过来，其中一位是雄太同学的妈妈。

"听说有好几个孩子上学时被记者包围，吓得哭了出来。他们什么都不知道，却突然被问东问西，当然会害怕。"

洋子只能继续道歉，心想自己之后恐怕再也不能回来住了。

从此以后，她总是在不得不回来拿换洗衣物时，才趁着夜色在12点摸黑回家。

独自面对
无解的质问

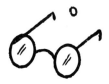

媒体也找到了藏身在公司休息室的洋子。

她原本在公司负责处理庶务，但自从丈夫被捕以来，几乎无心工作。好心的老板对她说："你毕竟还是要生活，一切照旧就好。"她于是继续留在了公司。

丈夫被逮捕的第二天，打来办公室的电话变得很频繁，多半来自报社或周刊杂志的记者。每当被问及"浅野洋子在吗"，她都会回答"她不在"或"她请假了"，之后便挂断电话。其他同事接到电话时，也总是为她着想，说她不在。

有家大型周刊屡屡打电话来，每次洋子都佯称不在。

约莫一星期后，对方找上门来，表示："我是之前打过几次电话的《××周刊》的××，请问浅野洋子女士在吗？"

办公室里的其他人都在忙，洋子只好隐瞒真实身份，亲自上阵。

"浅野自从事情发生后便一直请假。"

洋子内心忐忑不安，紧张到心脏简直要从嘴巴里跳出来。记者询问她是否知道任何关于浅野洋子的事，她回答什么也不知道，记者倒是很干脆地放弃了。

洋子觉得自己简直要被无处发泄的焦躁情绪打倒，不禁开口问记者:"你们不采访嫌犯本人而采访他的家人,这是为了什么呢?"

"只是想知道所有相关的信息而已。"

"但事件真相只有当事人才知道,不是吗?我觉得问他的家人没有任何意义。"

这是洋子的真心话。

她也很想知道为什么丈夫要杀人,和被害人之间发生了什么纠纷,她希望听到丈夫的亲口解释。说实话,洋子根本无法相信个性敦厚温和的丈夫会杀人。"这一切会不会都是骗人的?"这样的思绪不断在她心里打转。

记者又说了一遍"我们只是想知道所有相关的信息"便走了。

然而这恰恰也是洋子的渴求——"我才是那个想知道所有相关信息的人,多希望丈夫能告诉我真相"。

一人犯罪，
全家同罪？

洋子还没办法接受丈夫犯下凶杀案的事实，因此获悉案情的当下，根本没有余力想到被害人。

她完全不认识被害人，也不知道丈夫与对方的关系，更想象不到丈夫犯案的动机。从审讯时会晤的警官口中，她才慢慢得知丈夫和被害人之间有金钱纠纷。

尽管如此，洋子还是觉得自己也是受害人。丈夫的金钱纠纷和自己、和儿子一点关系也没有，与他们的生活毫无关联。

洋子明白丈夫对被害人犯下了无可挽回的错误，却不觉得自己必须负起任何责任。

她向我表示："我现在的心情还是一样，一方面对被害人过意不去，一方面觉得自己也很无辜。毕竟那是丈夫犯的错，和我没关系。不过被害人和家属要是听到这番话，应该会很生气吧。"

洋子心里总有一角觉得事情和自己无关，因此不曾向被害人家属道歉。她知道不道歉会激怒被害人家属，却怎么也说不出口。

但是随着每天不断思考，她的心态开始有了变化。

为什么丈夫非杀人不可？在他走到这一步之前，自己是不是忽略了什么征兆？如果出现过征兆，为什么自己没发现？如果她当初注意到了，是不是就不会走到今天这步田地？

洋子终于开始意识到，未能阻止丈夫犯罪的自己，也必须负起部分责任。

另一方面，她也一直在思索着雄太的处境。

她认为雄太不用对事情负责，所以一定不能让他被逼到绝境。她反复表示"孩子是无辜的"。

然而，至亲的家人遭到杀害，被害人的家属恐怕无法认同洋子的这番心声吧？老实说，我也觉得比起陷入绝望深渊的被害人家属，洋子面对的情况要好得多。

加害人周围的亲人朋友，究竟谁该负起责任？又需要负责到什么程度？这些是需要进一步讨论的议题。

找不到
可以商量的人

事件发生后，洋子的生活陷入一片混乱。她想到要找律师，已经是丈夫被捕数天后的事了。当时她一心一意只想着该如何躲避大众与媒体，根本顾不得找律师的事情。

案发前，洋子每天过着普通平凡的生活，对于如何聘请刑事案件的律师可以说是毫无头绪。

再说她也根本没有认识的律师可以商量，只能深夜时在公司的电脑上搜寻关键词：遭到逮捕时该怎么做？

在一连串搜寻结果中，她首次得知了"值班律师"的制度。

"值班律师"是日本律师联合会与全日本各地的律师会合作，于1992年创立的制度。遭到逮捕的当事人或其家人如果不知道该如何找律师，向警方或律师会求助时，值班律师便会赶来监督警方，或是和被捕的当事人一对一会面，聆听当事人的诉求，解释司法体系中的"缄默权"以及之后的刑事案件处理流程等。

这项制度的制定依据是日本宪法第二十四条："未经说明理由且并未获得委托律师之权利者，不得被拘留或拘禁。"

日本律师联合会的数据显示，2006年全国律师共处理了67 826起案件，其中48%的羁押案件会委托值班律师协助。

反观制度施行的第一年仅处理了 5 654 起案件，可见"值班律师"制度的普及度近年来已大幅提升。

在这项制度下，当事人或家属第一次与律师会面咨询是免费的，第二次则开始照一般行情收费，也可以请值班律师担任当事人的辩护律师。根据日本律师联合会的统计，嫌犯中约两成会委托第一次会面时的值班律师负责辩护。

因此，洋子立刻联络了当地律师会，对方表示案件已经进入了挑选律师的阶段。

然而过了好几天，洋子始终没等到律师会的后续联络，担心案件进程的她又打了一次电话。这次对方告诉她案件已经决定交由 B 律师辩护，也告诉了她 B 律师的联络方式。

她试着打电话到 B 律师的事务所，但对方不在。之后她又打了好几次电话，还是找不到人。洋子就这样过了好几天云里雾里的日子。

最后好不容易联络到 B 律师前来面谈，洋子想了解包括开庭在内的司法程序，对方却避重就轻，不肯说明详情，摆明了"就算打官司也不会赢"的态度。洋子原本期待律师会站在自己的立场上，为自己设想，如今这个希望也破灭了。

洋子只能再次联络律师会，请求对方指派其他律师。

她一直找不到商量的对象，时间却在不断流逝。

"杀人犯的家"

丈夫被捕后，洋子便一心一意想要保护儿子。自己遭受敌视也就算了，至少要保护年幼的雄太不会因为这起案件遭到歧视或霸凌。

媒体虽然追到了洋子任职的公司，却并未发现她暂时把雄太托付给了好友A，因此至少不用担心儿子被曝光。

然而接下来，另一件让人不安的事出现了：洋子开始接到骚扰电话。

这些电话多半是无声的，有时也会接到语意不明、口气激动的来电，但最伤人的，是一接起来听到对方大吼一声"杀人犯"便挂掉的电话，话音落下之后的嗡嗡声许久还留在耳边。这类电话不分昼夜地打来骚扰，"我是杀人犯的妻子"，这样的念头深深刺痛了洋子的心。

这些人通过查号台或雄太学校的家长联络网取得了洋子家的电话。之前夫妻俩因为工作经常不在家，洋子于是将家中的座机设定为自动转接到手机，原本的便利这时反而害了她。

此外，他们空荡荡的家也遭人破坏了。

丈夫被捕后，过了一阵子，洋子深夜回家拿取换洗衣物，没想到路灯映照下的家和之前迥然不同，吓了洋子一大跳。她家院子门口的门牌遭人取下，摔成两半，被随意丢在附近。她捡起碎片，不禁泪流满面。

当她从玄关走向屋子时，发现外墙上被人用喷漆画得乱七八糟，旁边还喷上了"杀人犯的家"的字样。

她冲进家中，拿了需要的换洗衣物便马上离开，完全不想久留。

"连儿子一起抹杀吧"

　　骚扰电话和外墙上的涂鸦使洋子十分恐惧，她从此极力避免和他人接触。她担心要是和别人过从甚密，自己和雄太是加害人家属的事就会被泄漏。

　　然而尽管小心翼翼，网友还是介入了她的隐私。

　　某天，曾经审讯过洋子丈夫的警官联络她："请您特别留意网络信息，有时候住宅地址、子女姓名和学校等个人资料会被人公布，如果发现隐私被曝光请立刻通知我们，警方有权要求对方删除。"

　　当时洋子并不太相信自己和雄太的信息会遭人公开，不过保险起见，当天晚上她还是决定赶紧上网搜寻。

　　结果她陆续发现了关于这起案件的文章。

　　内容多半和自己或是夫妻感情有关，而且半数以上都是假的，剩下的则断章取义。有些文章甚至提到了她任职的公司名称。一想到可能是认识的人写的，她便不禁疑神疑鬼了起来。

　　然而这一切只不过是开始。

　　点开警官特别叮嘱要她小心检查的某个论坛时，她发现有人写道："杀人犯的小孩以后一定也会杀人，应该趁还小的时候就抹杀他。"底下的留言则一面倒地表示赞成。

洋子冒出一身冷汗，想到才刚念小学的雄太，难道他今后的人生都必须在这样的指责中度过吗？他要是知道了这件事会怎么想？洋子受到了电话与涂鸦的骚扰，才开始领悟到与案件无关的自己也会遭受一定程度的攻击。

但是她没空沮丧，接下来必须经常上网确认雄太的名字和校名是否遭到曝光。她把那个论坛当作重点，每天晚上花将近两小时检查，但越是检查，新文章以及伤人的字眼就出现得越多。她难受到呼吸困难，却不能停下来。

洋子表示："我那时候真的很讨厌上网，但想到可能会发生什么措手不及的事，只好每天晚上查看，实在非常痛苦。"

所幸雄太的个人资料并未遭到曝光。

不得不转校

雄太不仅无法上学，还遭受了更过分的对待。

丈夫被捕 10 天后，洋子接到雄太学校训导主任打来的电话。对方简单表达了慰问之意后，话题马上转到了营养午餐上。

"雄太已经请了很久的假，可以停掉他的营养午餐吗？"

"我丈夫的事给大家添了很多麻烦，实在很抱歉。"

洋子在电话另一头向训导主任道歉。当地居民因为丈夫犯下的凶杀案人心惶惶，媒体的骚扰又让学童胆战心惊，但是训导主任几乎无视她的歉意，只是继续追问营养午餐的事。

"您不用在意这点小事，请先确认营养午餐要不要续订。"

洋子想到雄太接下来暂时都不能上学，于是选择停订营养午餐。正当她想询问转学事宜时，训导主任抢先开口："我认为让雄太转学会比较好。"

洋子想问训导主任该如何办理转学手续，又该如何寻找下一所学校，对方却完全不是可以商量的口吻，校方明显不想再和洋子一家扯上任何关系。

她知道如今已完全无法依赖学校协助，只得开始自行寻找新学校。

洋子战战兢兢地联络了做小学老师的朋友C，对方二话不说便答应帮忙，几天后就帮她找到了其他县市的一所小学。雄太之前就读的小学位于住宅区，学生人数众多，新学校则在乡下，规模较小。

在C的介绍下，洋子先打电话到该市的教育委员会，经手的职员对洋子的遭遇感同身受，表示："遇上这种事情，最可怜的就是孩子了。"接着洋子前往新学校拜访校长与训导主任，说明事情经过。校长答应她："既然发生了这种事，我们一定会好好应对。"同时保证此事除了校长、训导主任与雄太的老师外不会再让别人知道。

洋子再三向校长与训导主任鞠躬。丈夫被捕一个月后，她终于确定了雄太的新学校。

半夜前往校园
"道别"

洋子趁周末去见借住在 A 家的雄太，告诉他必须转学的事。她只说因为自己工作的关系必须搬家，一句也没提丈夫犯案的事。

洋子自己并未完全了解和接受丈夫的犯罪，因此还不到可以向雄太说明的地步。她也不知道目前获得的信息究竟该如何说明，儿子听了能否接受。

雄太虽然一脸不情愿，却还是接受了，只提出了一桩心愿："在转学前，我想去班上跟同学道别。"

到了星期一，洋子打电话到学校。接电话的训导主任听了她的要求，反应相当冷淡。

"校方无法确定媒体或是其他家长的反应，如果发生什么事，我们也没把握应对，不好意思……"

洋子不知该如何回答，只好说了句"我明白了"便挂断了电话。因为是杀人犯的儿子，所以连跟朋友道别都不行，这让她很替儿子委屈。

她告诉儿子出于学校的缘故无法让他和同学告别，雄太只是默默流下了眼泪。

深夜 12 点之后，洋子带着雄太回家拿换季衣物，好为即将来临的春天做准备。距离丈夫被捕马上就满一个月了，住宅附近不再有媒体出没，但白天还是会遇上邻居，所以仍旧只能半夜回家。

带着所需的衣物坐上车，驶离家门没多久，雄太突然说："我想回学校一趟。"

当时已经快凌晨 2 点。明明春天即将到来，却下起了小雪。洋子问："现在吗？"雄太默默点了点头，她于是驱车前往学校。

学校就在家附近，没几分钟就到了。

丈夫被捕以来，雄太已经近一个月没来上学。他自己打开车门下车，穿过校门，走进了校园。

雄太站在操场上，凝视着校舍，视线前方是一个月前他还在其中上课的教室。

没多久，他便绕着操场跑了起来，然后跑向攀爬架爬上爬下，接着又跑去荡秋千、玩单杠。

细雪纷飞中，微弱的灯光照亮了在深夜的校园中玩耍的雄太。

洋子站在校门外凝视着雄太的身影，不禁热泪盈眶。无辜的孩子和案件毫无关联，却必须忍受校方冷淡的对待。虽然已经过去了 4 年，这段回忆至今仍在眼前。

雄太玩了 30 分钟后，回到洋子身边说："好了，我已经跟大家说再见了。"

恐惧挥之不去

雄太转学之后，原本睡在公司休息室的洋子在新学校的校区内租了一间小公寓。相隔一个月，母子俩终于又能在一起生活了。

乡下的小学老师态度都十分冷静，这让洋子终于安下心来。这也是一个月以来，她和儿子第一次不再被周遭的人视为加害人家属。照理来说，雄太之前就读的小学中，孩子们来自形形色色的家庭，他所面临的处境不该没有先例，但为什么没人愿意伸出援手呢？

洋子不让自己再想下去，因为"加害人家属没有资格抱怨"。

雄太转学之前，洋子和丈夫离婚了。她无法原谅丈夫犯下的滔天大罪，决定断绝夫妻缘分，但离婚最主要的目的还是改姓。

离婚后改回娘家的姓氏，便能减少和案件的关联。雄太改从母姓就学的话，周遭的人听到他的名字时就不会联想到那起案件。改姓与否，遭人发现的可能性有天壤之别。

另一方面，网络上还是会不断出现关于案件的新文章。雄太入睡之后，洋子会持续查看网络信息，不敢疏忽。她常常担心网友会不断人肉"要一起抹杀"的儿子，把他的新学校和姓氏公开。

她也很害怕去超级市场或大医院等各色群众聚集的场所。虽然新学校离从前居住的地方有一段距离，但还是可能遇到了解这起案件或认识他们一家的人。要是对方上网发文宣称："我在那家超市遇到了他们，他们应该住在这一带吧？"自己和儿子的住所就又会曝光。

可能有人会调查雄太转去了哪所学校，到底该怎么做才能避免被轻易发现呢？洋子想了很久，得出的结论是再转学一次。

要求刚交到朋友的雄太再转学，可能会让他非常伤心，然而遭人发现的恐惧终究还是胜过了担心雄太失去好朋友的心情。

雄太又转学到了另一座城镇。洋子这次完全没有告知学校事情经过，转学的重点在于隔绝所有跟案件相关的人，而不是寻找有同理心的校方。转了两次学，就算有人想找到他们也不是那么容易吧？

于是，在第一次转学后的一个月，随着雄太第二次转学，洋子又搬了家。

尽管如此，可能被人发现是加害人家属的恐惧还是挥之不去。

和所有亲友
保持距离

洋子周遭也有少数向她伸出援手的人，例如好友 A。案件发生后，她让洋子的儿子雄太在自家借住了一个月。

A 当时一口答应了洋子的请求，但在雄太借住的一个月里，她也承受着相当大的压力。

最大的压力在于和丈夫 D 关系的恶化。A 一开始答应让雄太借住时，便向 D 交代了前因后果，他表示"短时间的话没关系"。

然而 D 的体谅并没有维持很久。雄太借住快满一个月时，他越来越不满，无法忍受回家后总要照顾别人家的小孩，更何况是新闻里杀人犯的儿子，因而一天比一天烦躁。

D 将不满的情绪都发泄在 A 身上，让 A 夹在中间左右为难。

除了丈夫的责难，与加害人家属的关联也带给了 A 极大的压力。

洋子曾经告诉 A，倘若他们母子的信息被曝光，社会大众可能也会因为 A "包庇加害人家属"而群起攻之。A 一心一意想保护年幼的雄太不受舆论攻击，这份心意却反而成为她恐惧不安的源头。

D 不断责备 A 让雄太借住，她无法向别人倾诉，压力不断累积，一边工作一边照料雄太的起居也造成了她体力上的负担。

这样的日子终于在雄太第一次转学时画下了句点。

然而，D 仍然为之前那一个月的事情而不断责备着 A，夫妻最终关系破裂，以离婚收场。

洋子得知后非常后悔把 A 卷了进来，决定不再打扰对方。A 也不再联络洋子，两人从此不相往来。

事情已经过了 4 年，我问洋子身边是否还有可以商量的对象，她回答我："我不会再找人商量了，帮助我可能会害对方承受巨大的压力。A 也是因为被我连累才会得抑郁症。我不想再把任何人卷进来了。"

洋子于是越来越孤立无援了。

永远无法
得知真相

某一天接受采访时，洋子怒气冲冲地谈起了平常很少提及的丈夫。

那天上午，负责照护洋子丈夫的保护司[1]刚好来到家中，向她传达了丈夫的话。

"我丈夫对保护司说，服完刑出狱后，希望能全家团圆，继续一起生活。真不晓得他到底在想什么！他都不知道自己害我们过着这种苦日子。"

洋子很怨恨丈夫，认为都是因为他，自己跟雄太才不得不过着躲躲藏藏、担惊受怕的日子。

然而，雄太却希望能早日和父亲团聚。

从审判开始到最终判刑，这段日子里洋子对雄太解释："爸爸惹出了一点麻烦，得坐一阵子牢。"她很害怕将真相和盘托出会让儿子备受打击，因此决定一点一点地慢慢透露。

由于不清楚事情的真相，雄太并没有那么讨厌父亲。提到未来的生活，他总是说："等爸爸回来了，我想跟他一起住。"

洋子听了有些动气："爸爸暂时不会回来了。等到他出狱

1　保护司：日本帮助罪犯改过自新的义工。——编者注

的时候，你可能都已经结婚，没办法和他一起住了。"

"那爸爸回来之前，我都不结婚。"

洋子只得开始思考该如何委婉地告知雄太事情的真相。

坐牢的丈夫有时会写信回来，最近还在信里提到想用在监狱赚取的微薄收入，给爱踢足球的雄太买足球或是钉鞋。洋子不能原谅他从未设想过母子二人的处境，反而还摆出一副好爸爸的样子。

"他在牢里从没想过我们在外面的生活有多辛苦吧！坐牢的人可是有国家保护呢！"

丈夫被捕后禁止与家人见面，更无法交谈。也就是说，洋子在警车上听完丈夫的那番忏悔告白后，那段时间里，两人就再也没见过。据说是警方担心见面会影响案情调查。

洋子永远无法忘记禁令解除后，第一次在拘留所见到丈夫的情景。她一走进接见室，丈夫就马上从椅子上站起来，深深鞠躬道歉："对不起，都是我把事情搞成了这样。"

见面时间只有 20 分钟，丈夫身边的监所管理人始终监视着夫妻俩对话。每当洋子提到关于案件的问题，丈夫就总是含糊其词，她还没得到满意的答案，见面时间便已经结束了。

为了让审判可以快速进行，许多信息在法庭上也并未被提及。直到现在，洋子仍然对很多信息无从了解。

　　洋子知道总有一天必须跟雄太说明真相，但是丈夫和被害人究竟是什么关系？为什么非得杀害对方不可？许多她以为能在法庭上获知的真相最终都无从得知，4 年后她依旧没有足够的信息向雄太说明。

　　一般而言，被害人家属都希望得到加害人的诚心道歉，并对惨剧的发生给出一个说法。然而加害人和家属之间往往关系破裂、无法沟通，难以完成被害人家属的心愿。

借钱度日

"我曾经穷到在雄太生病时，没有钱带他去看医生。"

丈夫被捕后，洋子在经济方面也面临着巨大的压力。

案发前，家中就已经不是很宽裕，后来突然失去了一家的支柱，偿还房屋贷款的压力全部落到了洋子一个人身上。加上雄太转学、搬家等大笔支出，他们的生活更加拮据。虽然很想把从前的住宅出租，但想到没有人会愿意租住"杀人犯的家"，也就放弃了。

另一方面，洋子还得代夫偿还他被捕前向朋友借的周转金。

丈夫向朋友借了几百万日元，帮公公经营的公司周转。公公自从知道儿子是杀人犯，失去了活下去的动力，无心工作，半年后公司便倒闭了，自然也就无法偿还债务。

公司破产，洋子并不需要背负偿还债务的义务，但是其中一位债主是洋子的好友，她觉得必须要把钱还给对方才行。当初洋子不忍看丈夫因资金周转问题烦恼，于是拜托好友帮忙，借了一笔钱作为周转金。

洋子和好友的交情从高中一直维系到现在。如今，好友因为洋子欠钱不还而生气，洋子每个月必须从薪水中拨出一笔钱还债。

尽管手头所剩不多，洋子还是努力地满足着雄太的需求。

她只买最低限度的生活必需品，极力减少支出，用省下来的钱交雄太的营养午餐费、文具费，以及他最近开始参加的少年足球队的培训费用。雄太因为父亲的事情心灵受创，还被迫转学了两次，洋子希望至少不要让他在物质方面吃苦。

虽然想尽办法省出了雄太就学所需的费用，但突然要用钱的时候就会周转不灵。突发状况之一便是生病。由于母子二人每个月仅靠洋子的一份薪水勉强度日，到了月底就连只需自付两成的看诊费也拿不出来，她曾经因此没法带雄太去看医生。

为了孩子而活

　　洋子仍继续在出租车行负责庶务工作，为了多赚一点钱，还会拜托老板增加加班的时数。

　　但是房贷与债务的压力依旧让她喘不过气，工作到深夜的日子越来越多，让洋子的健康也蒙上了一层阴影。这甚至影响到了雄太的生活，现在他独自一人在家的时间变得更长了。

　　如今雄太升入了高年级，下课后就不能去学校的托管班了，虽然报名了少年足球队，但足球队的活动到傍晚也结束了。雄太回到家后，就用微波炉加热洋子早上准备好的晚餐，一个人吃饱饭后便写功课、打电子游戏到深夜。

　　雄太不曾向洋子抱怨过自己很寂寞，洋子明白儿子知道妈妈的辛苦，所以默默忍耐。这让她更难过。

　　不少犯下重罪的加害人家属因为撑不住无法逃避的痛苦而自杀，第三次访谈即将结束时，我问洋子是否想过自杀。

　　她马上回答我："没有，因为有雄太。"

　　4年来，洋子在精神上与物质上都承受着巨大的压力，雄太是她唯一的精神支柱。

　　访谈的间隙，洋子凝视着在室外独自踢足球的雄太。她的侧脸看起来非常平静，和访谈中激动发言时的样子有着天壤之别。据说雄太在足球队负责关键的防守位置，非常受同学欢迎。洋子喜滋滋地告诉我："雄太情人节时收到了五份巧克力呢。"

雄太 10 岁生日时，洋子写了一封信给他。三页的长信中完全没提到丈夫被捕后的艰辛日子，写的反而是雄太告诉她的新学校的情况，比如他与好友的相处、在足球队发生的事等等，满满都是快乐的回忆。

"时常抱着感恩的心，自然会明白什么事情该做、什么事情不该做。妈妈会更珍惜与你共度的下一个 10 年，也会过得更幸福。妈妈很期待你 10 年后的模样。"

在信件的最后，洋子写道："无论发生什么事，妈妈都站在你这一边喔！"

Chapter 2

第 二 章

重访轰动的
旧案

充满戏剧性的重逢

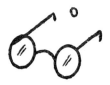

我前往东京西部采访时正逢大雪。

带路的男子在纷飞的雪花中，伸手指向了一个地上铺满碎石的停车场，那里只停了一辆面包车。沿路都是田地，只有零星几户人家，看起来这一带不怎么需要停车场。这座停车场右侧有栋老房子，左侧和前方则地势较高。

带路的男子告诉我："那里以前就是宫崎勤家，当时有100多名记者从早到晚挤在他家前面的这条路上。"

1988年8月到第二年6月，在东京与埼玉，4名女童被诱拐杀害，而这里就是凶手宫崎勤原本和双亲一同生活的家。遭到杀害的女童分别为4岁、4岁、5岁与7岁，当时凶手曾邮寄犯罪声明给媒体，还把被害人的骨灰寄给了家属，诸多异常行为使这起案件备受瞩目，媒体连番报道。

带路的男子名叫坂本丁治，他和宫崎勤的家人——特别是宫崎勤的父亲在案件发生之前有过交集。

回到案发之前的30年，也就是20世纪50年代后期，坂本住在离宫崎家步行距离约20分钟的地方。当时他还是大学生，在大报社工作的哥哥和宫崎勤的父亲是同学，因此他经常出入宫崎家。

宫崎家在当地是望族，代代经营织布厂。第二次世界大战之后，日本养蚕业衰退，织布厂的生意也一落千丈，宫崎勤的父亲于是开始思考转换跑道，决定发行专门介绍当地信息的报纸，从 1957 年起，每个星期天免费发送周报给当地的家庭。

宫崎勤的祖父负责拉广告，祖母负责收款，父亲负责采访与编辑，母亲则协助印刷，全家人齐心协力制作出 3 000 份周报，分别送往 4 个村镇。

但是宫崎勤的父亲在采访与编辑方面是一个彻头彻尾的门外汉，此前也不曾撰写过报道，他于是找到了小学同班同学，也就是坂本当记者的哥哥帮忙。当时还是大学生的坂本代替兄长，以实习打工的方式协助宫崎勤的父亲发行周报。

每周四，宫崎勤的父亲都会开车来接坂本，坂本到了宫崎家后则根据对方采访的信息撰写报道、编辑和排版，当天晚上就会带着清样的报纸去当地的印刷厂，星期六晚上再带着印好的报纸去派报社，请对方将其和星期天的早报一起送到各户人家。

"免费报纸是依靠广告维持收入的，多数利润都耗费在印刷上，发行了一阵子后，宫崎勤的父亲认为自己印刷比较省钱，于是买了印刷机。而我因为毕业后找到了工作，便不再在宫崎家打工。"

坂本大学毕业后成为《东京新闻》的记者，在宫崎勤遭到逮捕之际与他的父亲重逢。

熟人的儿子是杀人犯

1989 年，正值日本泡沫经济的巅峰，坂本任职于《东京新闻》，负责家乡东京西部的采访。

他负责的地区陆续发生了诱拐女童后将之杀害的案件。被害人一丝不挂的遗体在山中被人发现，被害人家属则会收到部分遗骨，凶手还以"今田勇子"的名义寄送了令人毛骨悚然的犯罪声明给大众媒体。媒体连日大幅报道此案，进行各种分析，推测几起案件的凶手是否为同一人。

那一天，坂本在立川分社值夜班，正当晚报要截稿时，收到了连续诱拐、杀害女童的凶手遭到逮捕的消息，但详情不明，只知道犯人姓宫崎。坂本凭借对家乡的熟悉程度，搭上出租车前往负责的地区。然而当地姓宫崎的人实在太多，他根本不知道该从何找起。

过了一会儿，他联络分社，接获了"嫌犯宫崎家经营印刷业"的消息，当下大吃一惊——经营印刷业的宫崎家，不就是发行当地报纸、与他相识的宫崎一家吗？他回想起以前宫崎勤的父亲开车前来接自己时，宫崎勤便坐在副驾驶座上。宫崎勤的手部有残疾，总是他父亲单独下车和自己说话。难道犯人就是他吗？坂本吓得面如土色。

他赶紧驱车前往宫崎家。

开过熟悉的道路来到目的地,他透过车窗望向宫崎家,默默矗立在夜色中的住宅外平静无波。

其他媒体都还没到,熟悉当地的坂本拔得头筹。宫崎勤的父亲招待他进家门,打开电视看新闻。

"6月6日当天,您儿子做了什么?"

6月6日是第4名女童失踪的日子。宫崎勤的父亲想了一会儿,记起那天自己出席了当地家长会,傍晚出门时儿子并不在家。

"现在还不确定我儿子就是凶手。"

从前经常往来的熟人的儿子是杀人犯。坂本压抑着心中的恐惧,以记者的身份继续采访。

一个小时之后,报社、电视台与杂志社等媒体纷纷前来,宫崎勤的父亲尽力回答各家记者的疑问,其中有些问题是在质疑他身为父亲的责任。他也接受了各家记者的要求,公开了儿子的房间。宫崎勤搜集的恐怖电影与恋童癖录像带都被媒体拍摄下来,做成了耸人听闻的报道。

最后警方驱逐各家媒体离开了宫崎家,为了现场搜证,在宫崎家四周拉起封锁线,就连坂本也无法自由进出。

事件的猎奇性从这天起被逐渐曝光,各大媒体连日报道,坂本也几乎每天都会写下相关报道，例如宫崎勤吃被害人的肉、喝被害人的血。虽然认识宫崎一家，但坂本完全没有偏袒熟人，以笔为剑。

随着事件内情越发不可解，坂本想直接采访宫崎勤的父亲了解详情。然而警察持续驱逐媒体，令他难以接触宫崎一家。

在匿名信、
匿名电话中苟活

坂本多次尝试接触宫崎勤的父亲，然而警方在宫崎家附近拉了封锁线，电话也被屏蔽。因此他找到了三位宫崎勤父亲的熟人，拜托他们："如果收到宫崎勤父亲的联络，请告诉他坂本想见他。"他想知道他所认识的这位父亲会如何面对儿子犯下的罪行。这招最后奏效了。

宫崎勤被捕一个月后，坂本收到传话，宫崎勤的父亲有话想跟他说。他于是马上与律师一同前往宫崎家。宫崎家正门前挤满了媒体，无法通行，他便搭乘出租车从与隔壁住户相连的后门进入院子，当时已经是深夜一点左右。

进入宫崎家，玄关笼罩在黑暗中，屋里也一片寂静。

坂本报上名字，听到里头传来脚步声，一个人影从黑暗中浮现。

尚未确认对方身份，来者就突然用力抱住了他。他出乎意料，一时全身僵硬。

"事情居然变成这样……"

宫崎勤的父亲抱着坂本蹲了下来，开始掉泪。

想到那些残忍的凶杀细节，坂本不知道该对他说什么好。

场面僵持了一会儿，陪同的律师开始打圆场，请宫崎勤的父亲去隔壁的房间。

宫崎勤的父亲稍稍平静，在坂本面前跪坐下来。透过日光灯的光线，坂本察觉对方面色灰暗，短短一个月便已形销骨立。身旁坐的是宫崎勤的母亲，白发刺眼、脸颊凹陷，看起来比实际年龄老了10岁。沉默了一会儿之后，宫崎勤的父亲抬头望天，从口中挤出话语："我每天如坐针毡，早知道会这么痛苦，早点死掉不知道该有多轻松。死只要几秒钟就结束了。我好想死，好想死……"

宫崎勤的母亲劝他："要是死了，又会成为笑柄。"

自从宫崎勤被捕，他的父母连日接受长时间的审讯，很久不曾和警方以外的人说过话。

"我们也完全不能看报纸和电视，光是听到汽车的声音，想到媒体又要来采访，胸口就一阵紧……但是想到那些失去女儿的父母，我们只得一路忍耐到现在。"

宫崎勤的父亲深深鞠躬，表示想卖掉土地，尽可能补偿被害人家属。坂本提到电话打不通的事，对方解释说是因为骚扰电话络绎不绝，所以才拔掉了电话线，接着表示这里已经住不下去了。

他带坂本来到隔壁两坪[1]多的小房间。

那里有堆积如山的明信片和信件，看起来一个纸箱都不够装，拿起来一看，上面写着"你也去死吧""我要杀了你女儿"等等话语。宫崎勤有两个妹妹，许多骚扰都是针对她们两人的，有些信甚至被装在了白包袋里。

骚扰信件都没有写寄件人的地址和姓名，坂本看了几十封之后，越来越难受，当他意识过来时，自己的眼眶已经湿了。其间，宫崎勤的父亲一直凝视着坂本。

1　坪：日本面积单位，1 坪约合 3.31 平方米。——编者注

贴着"犯人亲属"
标签的生活

采访即将结束之际，尽管案件仍在调查阶段，坂本还是询问对方："现在有什么事想特别交代？"宫崎勤父亲的回答出人意表。以下对话引自坂本的报道《单独会见记：如坐针毡的父亲》：

> "我知道儿子做错事，我们没有资格要求什么，但是把跟事件无关的人牵扯进来，我们很过意不去。"
>
> "这句话是什么意思？"
>
> "连和事件无关的人都因此辞去工作或是搬家，我希望至少能解决这个问题。"

宫崎勤有两个妹妹。案件曝光之后，大妹辞去了超市的工作，原本计划要在1989年底和未婚夫举办婚礼，后来也自行解除了婚约。二妹原本是护理学校的学生，事情发生后选择退学，放弃了成为护理师的梦想。

宫崎勤的父亲有四个兄弟，其中两个弟弟都是公司董事，在事情发生后辞去了工作。第二个弟弟考虑到自己的女儿，也就是宫崎勤两个堂妹的未来，和妻子离婚，好让女儿改从母亲的旧姓。另一方面，宫崎勤舅舅的两个小孩，也就是他的表弟同样辞去了工作，他们的公务员身份遭到了周刊记者的曝光。

宫崎勤的父亲说："儿子犯了罪，自然该受罚。"自家人遭受骚扰与精神折磨都是可以接受的，但是他的叔叔、婶婶和堂表亲都与此事无关，不应落得如此下场。

媒体连日报道宫崎勤父母的关系、祖父对他的影响等家庭细节，认为家庭环境是他犯罪的诱因之一。坂本原本就认识宫崎勤一家，也认为父母感情不睦极可能是宫崎勤犯罪的主因，但叔叔、婶婶与堂表亲的确都和事件毫无关系。

坂本身为新闻记者已经累积了将近30年的经验，主要负责社会新闻，多半是意外与刑事案件，却从未正式采访过加害人家属。采访宫崎勤父亲的经历，让他首次了解到加害人家属所要面对的现实。

事情至今已过去二三十年，坂本一边回忆，一边告诉我们当时的情况。提到影响波及宫崎家的亲戚，他偶尔会说不出话，咬住下唇，蓦然落泪。

父亲崩溃自杀

　　宫崎勤被捕约一年后，他的父母与两个妹妹离开熟悉的故乡，搬到了别的城镇。父亲当起印刷厂的临时工，母亲从事计时工作，两个妹妹也换了岗位，一家四口相互依靠，一起生活。

　　宫崎勤的父母离了婚，母亲改回娘家的姓氏。他们每天对着被害人的名字双手合十悼念，以自己的方式，摸索该如何赎清无论怎么道歉都无法获得原谅的罪行。

　　事情曝光一年半后，也就是1990年3月30日，东京地方法院开始对案件进行审判。

　　宫崎勤的父亲从未现身旁听席，也一直拒绝着宫崎勤来信中请律师的要求。他对坂本的解释是："请律师代表想保护自己，我觉得这样对不起被害人与家属。"

　　作家佐木隆三在《宫崎勤审判》等著作中，批判了宫崎勤父亲的这种行为："日本社会以为这是一种美德，其实大错特错。"不请律师就意味着使用公设辩护人，费用由国家负担，但公设辩护人真正的目的是援助没有经济能力的加害人。像宫崎勤父亲这种有经济能力的人利用这项制度，根本称不上美德，反而使他成了逃避亲子关系的"缺席的父亲"。

审判开始 4 年半后，1994 年 11 月 21 日早晨，宫崎勤父亲的遗体在多摩川河畔被人发现，据推测他是半夜从 30 多米高的桥梁上跳河自杀的。

我前往现场，站在桥上俯视多摩川，桥梁的高度让我有些腿软。

这里白天有许多观光客，大家经过时恐怕根本不会想到曾经有人在此跳河自杀。然而，气氛悠闲的观光地却是宫崎勤的父亲结束生命的地点。

坂本表示，宫崎勤的父亲在临死之前设法卖掉了住宅，这是他和妻子多次讨论后的计划。丈夫自杀之后，宫崎勤的母亲继承他的遗志，把卖掉土地获得的收益分成四等分，寄给被害人家属作为补偿。然而这笔钱对于被害人家属的损失来说，不过是杯水车薪。

坂本看到宫崎勤父亲的遗书上写着"我累了"。第二年 2 月东京地方法院开庭时，律师朗读了这封遗书。

佐木在 1995 年 4 月的《文艺春秋》上刊出了遗书的内容："感谢您长期以来的照顾。尚未报恩先向您告别实在万分抱歉，我儿子的事今后就拜托您了。"律师朗读中时有哽咽，被告宫崎勤却只是面无表情地做笔记。

佐木批判宫崎勤父亲的自杀是"逃避现实"。反观被害人家属，则必须接受自己的宝贝女儿被极其残忍地夺去生命，强忍悲伤活下去。他们无处可逃，只能继续聆听审判。

另一方面，熟识宫崎勤父亲的坂本则在采访过程中告诉我们："我是因为这起案件，才第一次知道加害人家属内心受到的折磨有时会比加害人更深。"

丝毫不敢面对事实，
　　　就这样吧

1997 年 2 月到 5 月之间，神户发生了连续杀害儿童事件，造成两人死亡，三人受轻重伤，犯人则是 14 岁的中学生。他砍下被害人头部，把犯罪声明夹在死者口中，放在当地中学的大门口。犯罪手法的猎奇程度与犯人年仅 14 岁一事，在日本全国引发了很大骚动。

犯人在当年 6 月 28 日遭到逮捕。他的父亲在回忆录《生下"少年 A"……》中记载了当天自己受到的冲击。

那天是星期六，全家人都在家。早上 7 点过后，警察突然造访，表示有事要询问这位少年，将他带走。到了傍晚，一名警察询问少年的父亲："是否有人能暂时照顾孩子的两个弟弟？"父亲虽然不明白警方的安排，但还是把两个年幼的儿子托付给妻子住在附近的亲戚。

安置好两个儿子后，警方马上向少年的父亲提出搜索令。到了晚上，电视节目开始播报犯人被捕的新闻，由于未成年，新闻并未提及少年的名字。父亲询问家里的警察："凶手是我儿子吗？"警察给予了肯定的答案。

少年的父亲尚未消化这份惊讶，玄关的门铃和电话便开始响个不停。尽管他依照警方指示，关上了木板窗，却还是可以感受到外面频频亮起的闪光灯。媒体层层包围了住宅。

到了深夜，一家人在警方的协助下逃往亲戚家。警方首先派出两辆"便衣警车"吸引媒体注意，让他们搭乘最后一辆警车离开家，再到附近的派出所换乘警方准备的另一辆车。

媒体并未骚扰亲戚家，父亲一直在思考儿子究竟为何犯案，整晚都没睡。

7月初发行的周刊刊载了少年的大头照和真实姓名。基于"报纸与出版刊物不得刊载移送至家事法院审理的少年犯姓名、年龄、住址与照片"的法规，部分杂志社停止贩卖，出版社却并未停售。禁令反而更加吸引大众关注，这本周刊当天就销售一空。

少年的大头照和姓名从此开始在网络上流传，父亲和两个弟弟的详细资料也遭到曝光。

7月18日，少年的父亲单独外出。他在检察厅的审讯结束后，在回家的路上一边尽力掩饰着身份，一边为少年的两个弟弟买了足球。第二天早上，他带着小孩去亲戚家附近的公园踢足球。父亲称自己当时承受的压力很大，必须下定决心才能做到这些事。

这一天，少年的父母离婚，更改姓氏，和律师商量后决定让少年的两个弟弟搬到其他县市。

这时媒体开始频繁骚扰他们借住的亲戚家,不仅不停按门铃,还用力转动门把手,粗暴地敲门。父亲认为不能再给亲戚添麻烦了。

在律师等人的协助下,少年的两个弟弟在其他县市的合宿机构中住了几个月,之后又搬去别的地方生活。通过本次采访,我得知当时有人认为他们在日本生活一定会受到案件影响,不妨考虑到国外留学。两个弟弟在 8 月 7 日离开父亲到其他县市生活,距离少年被捕已经过了一个半月。听说小儿子在机场咖啡厅喝了果汁,但马上就吐了。

少年的父亲在回忆录中提到少年的两个弟弟:"直到现在我还是有想死的冲动,但是如果我不咬紧牙关忍耐,剩下的两个孩子该怎么办?谁来继续向被害人家属道歉?我不能让另外两个儿子再背负更大的压力了。"

父亲尽管深受儿子犯下的罪行打击,但依旧坚持保护其他家人。倘若儿子真的是凶手,就一定得向被害人家属道歉,可与此同时,他也无法放弃"这一切其实都是误会"的想法。

然而某次警官说的一句话,让他明白自己不能一再强调加害人家属的痛苦。警官问他:"这位爸爸,你知道 2 月 10 日和 3 月 16 日死亡的被害人叫什么名字吗?"

父亲完全不知道,当即愕然。警官告知他被害人的姓名后说："我明白事件发生以来，你们遭到媒体骚扰，又连日接受审讯，非常辛苦，但是被害人的家属却要强忍伤痛，度过更长更久的艰辛日子。"

父亲听了哑口无言。

涂鸦骚扰，
有多少是从众？

　　和歌山发生的在咖喱中下毒、诈领保险金案件，则是加害人的住宅遭到了严重涂鸦，涂鸦者接二连三被逮捕。

　　1998 年 7 月底，在和歌山市内举办的夏日庆典上，有 60 人在吃了咖喱之后因为腹痛与恶心被送往医院，最终 4 人死亡，其中还包括一位 10 岁的男童。根据警方调查，时年 37 岁的林真须美涉嫌在咖喱中下毒，因而遭到逮捕。

　　据说当时包围林家的媒体将近有 100 人。由于林真须美被逮捕的片段不断在电视上回放，加上受害者众多，她瞬间恶名远播。

　　重新审视当时的媒体报道，会发现从案发当年的 11 月起，林家便不断遭到涂鸦。每到深夜，便有许多人前来，入侵林家的土地，在住宅外墙涂鸦。

　　到了 1999 年，涂鸦的人有增无减。根据 3 月 26 日的《每日新闻》报道，从大阪前来涂鸦的 21 岁女子在 3 月 25 日被巡逻中的警官审讯，她和 4 名年龄介于 18 岁到 21 岁之间的年轻人一同前来，5 人在大阪府内兜风时提及林家遭到涂鸦，"自己也想画画看"，于是来到和歌山。这充分显示涂鸦一事已经广为人知。25 日凌晨 2 点多，女子用红色记号笔涂鸦时遭到了警方逮捕。

前往林家涂鸦的多半是成群结队的年轻人。根据5月28日的《读卖新闻》，当地居民在27日通知警方有3名男子正在涂鸦，这3名男子随即被赶来的警官逮捕，接受审讯，罪名是"污损建筑物"等轻罪。3名男子的年龄在21岁到22岁之间，都是朋友，因为"觉得有趣"，于是从大阪府与广岛县前来涂鸦。

26日黎明时分，林家西侧到南侧的道路遭人泼洒黄色无味的液体，污损路段长达30米，包括位于南侧的玄关大门，当时判断液体为重油。

《冤狱档案》杂志刊登了有人想在布满涂鸦的墙面上加上新涂鸦的照片，还反而导致更多人前来涂鸦，事态日益严重，给附近居民造成很大困扰。

居民通过律师要求犯人夫妻清除涂鸦，但是两人拒绝负担费用，涂鸦因而就此搁置，无人理会。

原因不明的火灾

2000 年 2 月 16 日凌晨 4 点半左右，林真须美家突然起火。

附近的上班族发现之后马上通报消防队，但火灾还是持续了 50 分钟，两层楼的木造建筑被烧到只剩下外墙，182 平方米的住宅内部则化为灰烬。屋主林真须美和丈夫二人遭到逮捕后，林家将近一年半无人居住而被断电，因此家中没有任何火源。当天凌晨，警方例行巡逻时也没有察觉房屋本身有任何异状，所以分析是遭人纵火。

《读卖新闻》报道了当地居民不安的声音。例如附近 40 多岁的主妇便带着存折避难，表示："最担心的事终于发生了。"同时也是毒咖喱事件受害人的其他居民则害怕地说："又要开始失眠了吗？"

第二天的《日刊体育》也刊出了多名主妇的心声："原本在发生火灾之前就希望拆除房子，所以只要火灾不会吸引民众来看热闹，保持现状也无所谓。"林家冒出火光后没多久，附近居民声称看到三名可疑人物离开现场。

火灾前，由于林真须美夫妻俩拒绝重新粉刷墙壁，附近居民自行为充斥着涂鸦的墙面上了漆。日益增多的涂鸦和络绎不绝的访客不仅破坏了居住环境，也带来了精神上的压力，促使居民们展开了行动。

正当居民们开始恢复原本的平静生活时，却发生了这场原因不明的火灾。

这促使相关人士开始积极处理林家的房产事宜。

林真须美夫妻因为滞报所得税等共 7 000 万日元，住宅遭到了大阪国税局扣押。毒咖喱事件后，当地的"被害人协会"申请改为假扣押林家，获得了和歌山地方法院的同意——为了向林真须美夫妻俩求偿，必须先确保其名下的财产。

林家的土地在火灾后经过两次拍卖，最后由地方政府买下。1995 年林真须美夫妻俩从朋友那里买下这块土地时，价格是 7 000 万日元，政府得标的价格却不到其十分之一。

地方政府为了抹除纵火案件的痕迹，在得标后重新整修宅地，种植花草，将之建成小公园。一般人根本不会发现这里原本是林家的土地。

多数当地居民除非经济宽裕，否则事件发生后还是得继续住在原本的地方。如果不将林家房产卖出，居民们每看到一次事故现场就会想起一次当时的景象，实在是莫大的精神打击。

失业，匿名邮件是
最后那根稻草

2000 年 4 月，名古屋发生了 15 岁少年结伙向同学勒索的案件。事发地点是当地升学率很高的市立中学，十几名少年结伙向初三男生持续勒索了 8 个月，共计 130 次，勒索总金额高达 5 000 万日元。

由于作案人只是中学生，父母是否对其尽到了监护责任自然会遭人质疑。

被视为主犯的少年父母出版了回忆录《为什么儿子会这么做：名古屋 5 000 万日元勒索事件》，其中详细描述了少年的父亲于事件曝光后在职场的遭遇。

少年的父亲原本是任职于一般企业的上班族，案发时已经晋升至公司的管理层。

案件曝光之后，他认为可能会给公司带来麻烦，于是马上向董事会报告了儿子犯案的事情。

不仅如此，他还向公司申请贷款 2 000 万日元，作为之后偿还儿子勒索与赔偿的资金，但是他的申请遭到了一名董事反对，最后并未获得贷款。

无法贷款的父亲决心自行承担赔偿的压力，找到好几家银行，申请用住宅与土地抵押借款，并取出定期存款、解约寿险，还卖掉了高尔夫球俱乐部的会员证，逐步做好赔偿的准备。

父亲在书中提到，其他同事讽刺他"还真有脸来公司上班"，原本信赖的同事也对他说："儿子被捕后怎么还做出一副若无其事的样子来上班？赶快卖掉房子赔钱吧。"

案件曝光之后，父亲仍然需要抚养妻女，不能轻易辞职。然而出门拜访客户时，他经常担心对方知道自己的儿子是勒索案的犯人，"时时刻刻都如坐针毡"。

少年的叔伯和祖父也都指责他，追究他身为人父却没有发现儿子恐吓他人、勒索大笔金钱的责任。

他们的住宅后门曾出现过好几个铁丝圈，少年的父亲觉得这就像是在催促他自杀。他车子的引擎盖还曾被人画上大叉，轮胎也被割裂。

父亲过着夜不成眠、食不下咽的日子。

案件曝光 9 个月后，2001 年 1 月，父亲终于辞去工作，因为公司收到了两封匿名电子邮件，质问："贵公司怎么能接受主犯的父亲任职？"虽然公司并未强迫他辞职，但这样的处境已让他无法再监督或指导部下，他于是自行辞去了工作。

几乎就是在这段辞去工作、失去收入的时期，他开始分期赔偿被害人。

整整一年，
泪流不止

除了父亲，少年的姐姐在事件曝光之后也承受着极大的压力。

事件曝光之前，她原本在健身房工作，找到了未来发展的方向，全心全意投入工作。她怀抱梦想，认真做事，也存了一点钱。

然而所有希望都因为少年被捕而瞬间破灭。

事件曝光之后，她借住在朋友家以免遭到媒体骚扰，从朋友家去健身房上班。然而这段日子很快就结束了。

虽然尽力隐瞒主犯姐姐的身份，有次来健身房上游泳课的小孩却突然问起了她家地址，让她怀疑自己的身份泄露了。她因而大受打击，向健身房提交了辞呈。

姐姐失去工作后搬回家与父母同住，骚扰电话却成天响个不停。某天，报社记者敲了好几下玄关大门，她并未回应，记者说了一句"啧！没人在吗"就离开了。

网络上还出现了"绑架强暴主犯姐姐"的言论，她也曾被陌生男子跟踪。住宅附近经常出现陌生车辆，还有一看就知道不是附近居民的人跑来看热闹，不时出现按了门铃就跑的骚扰。

　　姐姐在书中记述了当时的心境："无处可去也不想见任何人，连打电话给朋友都做不到，觉得和别人见面非常可怕。开车到很远的地方，途中几乎没有意识，或者应该说是没有感觉，为不知道应该何去何从而哭泣。"

　　姐姐后来回想，弟弟上中学之后就像变了一个人，她非常后悔自己没有早点发现。事件曝光之前，她好几次质问弟弟为何持有贵重物品，每次他都坚称是打游戏机赢来的奖品，或是恼羞成怒，不肯说实话。她十分懊悔自己当初没有更加严厉地质问，没有发现他犯罪的征兆，以至后来甚至想过要自杀。她不明白自己为何活着，每天哭个不停。

　　回忆起那艰难的一年，姐姐表示："好可怕，生活跟未来都变得好可怕，难过得不得了，每天都泪流不止。大家要是面对我的处境，一定也会变得很讨厌人吧。"

"报应论"

　　2003 年 7 月 1 日，长崎市一位中学一年级的男生杀害了一名 4 岁男童，消息轰动日本。

　　这名男生在长崎市家电量贩店的电玩卖场欺骗遇害男童"爸爸已经先离开了喔"，诱拐男童到 4 公里外的停车场，脱光他的衣服，并以利剪刺伤他。由于男童激烈反抗，他把男童从 7 楼高的停车场顶楼丢下，手段十分凶残。

　　事发 10 天后，也就是 7 月 11 日，相关政府官员做出了一番引人争议的发言。

　　时任小泉内阁防灾部长的鸿池祥肇，也是青少年培育推行总部的副部长。当天的内阁会议讨论了青少年犯罪等问题，他在会议后的记者会上发表意见，根据当时的报道，内容大致如下："这起事件应当严惩凶手，倘若施害的少年无法被判刑，就该把家长抓起来绕街示众，然后斩首。"

　　"少年犯罪的责任在于家长，大众媒体也有责任。不仅被害人家长应该出面，加害人家长、老师跟校长也一样。"

　　斩首和绕街示众都是江户时代的刑罚，斩首之前先把罪犯架在马上，绕街让市民观看。

　　这位副部长喜欢看古装剧，坚信"信赏必罚，惩恶扬善"。对他来说，这番话当然只是譬喻，却引发了各界反弹，报纸杂志和电视节目都引用了各种学者的发言，批评这番不当言论。

江户时代的刑罚基本目的在于"报应"，而现代的刑罚则更偏向"教育"。尤其是少年法，目的在于促使施害少年改过自新，与副部长的发言相悖。

然而另一方面，副部长发言之后，他的事务所接到了上千通电话与电子邮件，八成以上都赞成他的发言。

这起风波告诉我们，把未成年加害人家长拖出来绕街示众的"报应论"，在现代日本社会中依旧根深蒂固。

之后家事法院表示，这起案件中"亲子关系破裂强力促使了施害少年脱离正轨"，少年的双亲应负起责任。

仅仅因为与犯人同校……

施害少年的父母在事件曝光后，暂时躲避社会大众与媒体的目光，拒绝露面。

据共同通讯社的记者佐佐木央报道，"他们四处逃避的后果，是没有及时向被害人家属道歉，加害人的父亲也因此失去了餐厅主厨的工作"。不道歉一事更加激怒了被害人家属，他们的怒火从施害少年延伸到其父母身上。

施害少年的父母直到事件曝光3个月后才终于露面。2003年10月1日的《长崎新闻》早报第一版刊出了他们的致歉声明，表示"愿意用一辈子偿还"。被害少年的双亲则不愿接受道歉，认为"这是虚伪的道歉"。《长崎新闻》的社论也表示，加害人父母在得知自己的儿子是罪犯的当下就应该马上出面致歉。

少年犯罪一事不仅影响了他的家人，在社会大众眼中，同学与他亲密的程度仅次于家人，于是他所就读中学的学生也遭到了攻击与威胁。

电视媒体与报刊虽然并未正式刊出校名，但少年的学校在网络上却遭人曝光，同时还有人破解了电视画面上的马赛克，锁定了学校名称。

施害少年的真实姓名与大头照也在网络上流传，有些信息完全不属实，甚至出现了莫名盗用他人大头照的情况。

据 2003 年 7 月 13 日的《新闻赤旗》报道，学校的训导主任在记者会上称校方接到了很多通骚扰电话，"挂掉一通马上又接到下一通"，且多半对方都不说话。学校的官方网站也因为有人留言"这是教出杀人犯的学校"而关闭。

即便其他学生和事件毫无关系，也被卷入了骚扰风波，例如遭到路人故意碰撞、被人抓住制服胸前的校徽等等。由于害怕，学生们不愿再穿着学校的制服上下学，家长也避之唯恐不及，学校只好接受了他们的要求，同意学生穿便服上学。

为了避免媒体骚扰，家长们会守在上下学必经的路上保护孩子，让学生持续在父母的守护下出行。

学校终日紧闭窗户、拉下窗帘，以免遭到媒体拍摄。当时正是炎热的夏天，即将放暑假，但学校也只能取消了游泳课。

家长会会长在前往学校后，在面对媒体采访时表示："教室内一片死寂。"

不少学生晚上失眠，向校方请假。

双重标签,
双重痛苦

1995 年 3 月 20 日发生的地铁沙林毒气事件，在 20 世纪末带给了日本社会极大的冲击。沙林是一种神经毒气，施害人在早高峰时间将之散播在地铁上。这起恐怖袭击造成十余名乘客与站务员死亡，6 300 人受伤。罪犯是邪教奥姆真理教的前干部，除了该起事件，还犯下了坂本律师灭门血案和松本沙林毒气事件等多起案件，致使无数人死伤。

包括教内领袖麻原彰晃在内，奥姆真理教的前干部们纷纷被判处死刑，由于受害者不计其数，"奥姆教"在日本成为"恐惧"的代名词。而前干部的家属们则不仅是加害人家属，同时还必须面对身为邪教信徒家属的压力。

地铁沙林毒气事件发生即将 10 周年之际，我为了采访而与收押于东京看守所的一位奥姆教前干部见了几次面。他因涉及多起案件而被判处死刑，当时正在上诉。他表示："报道我的事没关系，但是绝对不要提名字。"提名字会使他的家人再度被贴上"××家属"的标签，遭到社会大众谴责。

另一位被法院驳回了缓刑申请的前教徒，有个已经结了婚的弟弟 J。J 曾努力想让哥哥脱离邪教，却屡屡失败，有好几年彼此已不再联络，结果竟然出了地铁沙林毒气事件，J 因而陷入精神焦虑的状态。他不想给太太带来麻烦，于是单方面提出了离婚。

这位前教徒的家属得到了某个支持奥姆真理教离教者的团体协助，接受了包括心理咨询等各类援助。但有一阵子，只要提供援助的相关人士来到家里，J 就会把自己关在房间，拒绝和任何人沟通。

J 的母亲非常担心儿子的未来。她经常参加前教徒家属的集会，每次提到长子，就会想到他不仅犯下滔天大罪，还摧毁了次子的人生，这让她哭得不能自已。

最后是 J 的妻子拯救了痛苦多年的他。她一直拒绝离婚，认为"大伯做错事和你无关"。因此 J 虽然遭到社会的排挤，却还是因为妻子的支持而重新振作。

十余年来
都被蒙在鼓里

　　奥姆真理教的领袖麻原彰晃本名松本智津夫，如今已被执行死刑。他的四女儿在《活在奥姆：地铁沙林毒气事件之后的 15 年》一书中发表了手记。她不但是奥姆真理教的相关人士，同时也是松本的亲生女儿，可说是最具代表性的加害人家属。然而根据手记记载，其实她十几年来都被蒙在鼓里，并不知道这起事件。

　　她还写到，她在父亲被捕后没多久试图自杀，然而那时她并不知道这一连串事件背后的真相，因此求死意志并不坚定，自杀未遂。当时她才 6 岁，一直活在奥姆真理教的封闭圈子中，父亲被捕摧毁了她的世界，加上无法忍受与兄弟姐妹之间的感情越来越差，她试图用菜刀刺向心脏，但最后还是没有下手。

　　那之后她被母亲的娘家收养，根据她的说法，"这是人生中第一次接触到外面的世界"。上小学后，当地对于奥姆真理教与松本的强烈反感，让她开始拒绝上学。

　　她重新开始上学是在 2001 年 4 月，当时的老师对她说："校长找我去，突然叫我当你的老师，把我吓了一跳，想拒绝也不行。"

她认为自己在学校遭到霸凌的原因之一，是老师对她的差别待遇，不愿认真对待她。此时她还不明白奥姆真理教引发了哪些事件，只觉得在学校遭遇的霸凌是一种"宗教镇压"。

2003 年 1 月，她开始有自残行为，连续两个星期用美工刀或剪刀割自己的手腕。兄弟姐妹阻止她，希望教育委员会介入处理霸凌问题，但她就读的中学校长却对她说："你父亲杀了很多人，所以你自杀也是不得已的事。"

这句话引起当时在座的律师团一阵骚动，但她完全不知道事情真相，根本不明白校长的意思。

2004 年 2 月 27 日，松本智津夫被判处死刑。这件事彻底改变了她的想法。

她向学校请假，借由上网与阅读，自行调查了法院为何判处父亲死刑，这才终于知道自己遭到霸凌与歧视的真正原因。

她也因而发现自己虽然过着衣食无忧的生活，但花的都是应该要赔偿给被害人的钱。

她感到绝望，心灵麻痹，向儿童咨询所求助，接受辅导，努力与现实抗争。

在了解真相的过程中，她不知道自己该如何活下去，同时发现父母、兄弟姐妹、奥姆真理教的前教徒与相关人士都没有诚心道歉，这让她觉得自己至少应该向社会大众致歉。

　　她断绝了与奥姆真理教相关人士的关系，流浪过一家又一家网吧，甚至一度露宿街头。她在手记的最后写道："我属于加害人一方，社会大众绝对不会允许我忘却这一切片刻，去享受短暂的快乐。"

被冤枉成罪犯

奥姆真理教策划的另一起重大惨剧，是松本沙林毒气事件，当时第一个报警的人，是住在案发现场的河野义行。他在事件发生没多久之后被误认为犯人，遭到媒体与社会大众的强烈谴责，最后才证明了清白。事后他在著作《就算洗刷了"冤屈"：被当作松本沙林毒气事件罪犯的我》中说明了被冤枉的经过，也让人可以借此了解加害人家属的处境和心境。

松本沙林毒气事件发生于 1994 年 6 月 27 日深夜，长野县松本市的住宅区遭人散播沙林毒气，造成 7 人死亡。

河野因吸入毒气而住院，警方于 28 日前去拜访，表示有事情想询问他。

这天留在家里的是河野的长子 H，他表示："从这一天起，家里便不断接到电话。"河野要长子记录所有来电的内容。从事件发生的第二天开始，就不仅有媒体打电话来询问采访，更会接到无声电话与骚扰电话。

媒体在 28 日早上进了河野家的院子，拍摄被沙林毒死的狗等等画面。100 多位警察与消防队员也陆续进出河野家的院子，怀疑这里是散播毒气的源头。

当天傍晚，各家电视台都在报道中表示："杀人嫌犯是首先报警的上班族河野义行，其住宅遭到警方搜查。"

各大报社也在 29 日的早报上对嫌犯河野大幅报道。河野家的电话响个不停，长子 H 表示，其中一半是媒体采访，一半是骚扰电话。

骚扰电话一直持续到 30 日，"愈演愈烈，越来越多的年长男性打电话来叫我们滚出松本"。长子累积了很大的压力，在这天逃往教会，从此在教会吃饭小睡。此外，河野家附近也出现了很多出于好奇来参观"案发现场"的人。

电视新闻和报纸连日报道，酝酿出河野就是罪犯的气氛。

河野直接询问负责此案的警官，是否曾公开表示"制造毒气的人是河野义行""河野义行是犯人的可能性很大"？警方表示并没有这么说过。

那么这个消息究竟从何而来？河野后来才知道，这是记者私下造访刑警家所取得的信息，也就是媒体根据私下采访获得的非正式消息。

事件发生一个月后，还是有人打电话骚扰河野家。吸入毒气住院的他，好不容易出院回家，骚扰电话仍旧响个不停，甚至持续到半夜，让他不吃安眠药根本睡不着。

当全世界都认为河野是嫌犯时，长子等家人还是选择相信他。长子对出院的河野说："就算爸爸被捕，还是要挺起胸膛面对大众，因为爸爸本来就不是凶手。如果有人在背后指指点点，是那个人有问题，可怜的是他。"

河野的同事和上级也对他十分宽容。虽然员工被视为犯人，公司却仍始终保持着"真相未查明之前冷静对待"的态度。

一年之后，1995 年 3 月的地铁沙林毒气事件终于洗刷了河野的冤屈。

对于自己被冤作犯人一事，河野表示："事件发生后仅 23 小时之内，警方就做出了犯人的卷标，媒体则在两天内就把标签贴在了我身上。虽然说这是个日新月异的时代，但下结论的速度未免也太快了。"

丈夫是她痛苦的源头

攻击加害人家属，并不是近些年才发生的事。

1980 年 8 月 2 日，日本发生了 5 岁幼童遭到绑架撕票的"山梨绑架幼儿撕票事件"，当时犯人家属居住的地方便遭人丢石头与纵火。

据说施害人连续两个星期打了 30 通电话到被害人家中索要赎金，就绑架案来说，这是前所未闻的情况。8 月 15 日，警方逮捕了从事电气工程工作的 K，由律师安田好弘负责辩护。

安田在《"活下去"的权利》一书中提到，K 的家属因为身份曝光而遭到"虐待"与"迫害"，不仅装在住宅外侧的桶装瓦斯管遭人拆下，塞进家中，还有人纵火。这不同于骚扰电话和网络攻击，而是直接危及人身安全的恶意行为。

K 的妻子受不了骚扰，带着两个读小学的孩子——患有严重气喘病的长子及次子逃离了当地，前往别的城镇，在新的地方隐姓埋名，开起小餐馆，勉强维生。

K 的妻子在案件开庭时站上证人席，表示自己差点没熬过那么辛苦的日子，全是靠着两个思念父亲的孩子说"想救爸爸"，鼓励自己撑了下来。

"丈夫犯罪就等于我犯罪。律师告诉了我许多事情，让我明白今天我丈夫会犯罪是被我逼的。我和他同罪，应该一起接受惩罚。"

K绑架幼童之前经营电气工程公司，却一直接不到工作，债务不断增加。无计可施之下，他只好请妻子的娘家协助，暂时应付过去。然而之后他以低于成本的价格勉强接下工程，导致公司经营不善，又没办法再次拜托妻子的娘家帮助，这才犯案。K的妻子知道事情经过后，深深觉得自己也有责任。

安田表示，当时听到K的妻子沉痛的告白，三名法官为了不让眼泪流下来，都仰头往上看。

然而随着审判持续进行，K的妻子却越来越不愿意与丈夫见面。到二审时，安田等人拜托了好几次，她才前往看守所与丈夫会面了一次，之后就再也不肯去了。

站在妻子的角度，不愿意会面也能理解，毕竟绑架撕票事件害她陷入了经济困境，必须拼死抚养两个孩子。安田分析，妻子不再会面的理由在于："丈夫是她痛苦的源头，内心对他充满了愤怒与怀疑。"

只有母亲会
一直陪在犯人身边

1980年的名古屋绑架女大学生撕票事件发生之际，正逢日本电视台开始兴起晨间八卦节目，因此此案被连番大幅报道，导致加害人家属陷入窘境。

当时担任加害人律师的安田好弘在《"活下去"的权利》一书中，详细记述了犯人S从开始受审到执行死刑的过程中，他母亲一路守候的心境。

已婚的S为了维持家庭生计与包养外遇对象而负债累累，他尝试以赛马、赛自行车获利，却反而累积了更多债务，于是绑架了就读名古屋知名大学的女生索要赎金。

电视上放出了犯人打电话勒索被害人家属的声音，警方公布犯人信息，展开调查。S的母亲一听到声音就知道犯人是自己的儿子，马上把S叫来，质问他是否就是绑架者。

母亲没有听信S的辩解与否认，强迫他留宿家中，持续监视，以免他逃走或自杀，再也找不到被绑者的下落。

不久后真相大白，S遭到逮捕。他对警方供述自己把女大学生撕票，将遗体丢弃在木曾川。警方于是展开大规模搜索，却一连三个月都找不到被害人遗体。当地居民也参与了搜索，电视台则连番报道。S的母亲或许明白儿子犯下的是滔天大罪，因此一起参与遗体搜索。

S有妻有子，根据安田所说，妻子在案发后对子女说"爸爸出海钓鱼死了"。S为了避免牵连子女，和妻子离婚，断绝了联络。

S的母亲因为这起案件丢了工作，也和S的哥哥一家断绝了关系。她认为自己身为母亲，应该与S同进退，要避免波及与案件没有直接关联的长子一家。

采访那些经手过诸多重大案件的律师时，每个人都不约而同地向我提到加害人母亲的重要性。被判处死刑或无期徒刑，一直陪伴加害人到最后的，几乎只有母亲。兄弟姐妹、配偶或是父亲往往会和犯人断绝关系或失联，只有母亲会一直陪在犯人身边。

S的母亲也是如此。

针对这起案件，一审和二审的判决结果都是死刑，而最高法院最终也做出了同样的判决。S的母亲必定非常心痛，却仍继续与羁押在名古屋看守所的S会面。她断绝了和其他家人的关系，孤立无援，只能一次又一次与S进行限时15分钟的会面。

1995年12月21日早晨，S的母亲又一次来看守所见儿子，看守所职员表示"目前正在忙，请下午再来"。

然而当 S 的母亲下午再度前来时，对方却告诉她今天早上 S 已经被执行死刑了。

S 生前在看守所中成为基督徒，信仰虔诚，被执行死刑则是在他成为信徒的 4 个月之后。

S 的母亲收到的遗物，是他在看守所中每天翻阅的《圣经》。安田想起当时的情况，直言到现在还是"非常心痛"。

冤狱令人生
瞬间破碎

近年来日本爆发了许多冤狱翻案，不少死刑犯其实是清白的。想到当事人与家属数十年来所承受的痛苦，便令人因感慨人生不公而心痛。然而所谓的冤狱，不见得一定是耸人听闻、轰动全国的刑事案件，一般人身边也极有可能发生。

例如专攻刑事法的九州岛工业大学教授佐藤直树，在著作《世人目光》中便指出，就算当事人能够自证清白，只要被逮捕、成为嫌疑人，便会遭到社会大众的排挤。

以 2000 年 8 月被捕的建材公司老板 M 为例，他被捕的理由是友人 K 控告他强制猥亵。虽然之后证明了一切都是诬告，恢复了清白，M 却已被拘留了 19 天。

M 的人生因而坠入深渊。诬告事件导致他的客户大幅减少，公司的营业额仅剩原本的一半。被捕一年后，2001 年 8 月，他被迫关闭经营了 24 年的公司。根据当时《河北新报》的报道，M 后来在电器行当计时工，每天光是挣够口粮就已经精疲力竭。

2003 年 8 月，M 被捕三年后，福岛地方法院以诬告罪名判处 K 有期徒刑一年，不得缓刑。然而 M 回顾自己三年来的艰辛生活，对媒体表示"法官判得太轻了"。

仅仅由于 K 的诬告，M 成为嫌疑人，尽管是清白的，周遭的态度却逼得他不得不关闭公司。由此可知，被冤枉遭到逮捕，人生也会因此破灭。

佐藤对此评论道："照理来说，M 在法律上是清白的，社会大众也明白这一点，但是心态上却无法原谅曾有嫌疑的人。所谓的道理、人权这时已不管用了。"

前文提及的河野义行也因为一度被当作松本沙林毒气事件的元凶，失去了原本的社会地位。

小地方的强制猥亵案虽然不会登上全国新闻，但被告此前的人生却在被视为嫌疑人的那一刻瞬间破碎，社会大众的制裁有时与事情的真相并无关联。

17 年半
才洗刷了冤屈

1991 年 12 月 1 日，菅家利和在足利市内租住的房子中睡觉时，突然被警方押送至警局审讯，被视为三起绑架少女撕票案件的嫌疑人。他的冤屈花了 17 年半的时间才得以被洗刷。

他在重获自由后与人合著的作品《冤罪：一个冤案被告对警察、检察官和法官的控诉》中，提到自己在狱中对家人的思念。

被迫认罪、遭到逮捕的两星期后，他在头昏脑涨的审讯中得知父亲过世。当时的刑警对他说："你或许很难过，但是被你杀害的人更难过。"

菅家在严酷的审讯期间自顾不暇，根本没有余力担心其他家人。

他的母亲在面对检察官的审讯时表示："我恨利和，恨得不得了，不想再见到他。希望马上就把他处死，装在棺材里送回来。"

菅家后来才知道母亲的这番发言。

被捕一个月后，他从足利警察署的拘留所转移至宇都宫看守所，这时他不再受到审讯，而是被单独关在一坪半大小的单间里。独处的时间多了，他才终于开始想到"家人的处境或许很艰难"。

他开始每天写信给母亲和妹妹，不断解释被捕是一场误会，却从来不曾收到回信，家人也不曾来与他会面。

被捕 16 年后，2007 年的冬天，他在狱中得知了母亲过世的消息。援助他洗刷冤屈的团体告知他这件事时，母亲其实已经过世半年了。他在狱中反复思考母亲究竟是如何看待他的，是相信自己的清白，还是一直坚信儿子是杀人犯？他再也无法从母亲口中得到答案。

结束 17 年半的牢狱生活后，他才终于亲耳听到了妹妹的声音。妹妹在写给律师的信中表示："家母和我曾经多次想要自杀，想要隐瞒我们和哥哥的关系。不过，今后我想跟哥哥一起平静地生活。"

2009 年 7 月下旬，菅家获得假释，和妹妹在东京浅草重逢。

在咖啡店，他一边喝着咖啡，一边对妹妹说："一直以来辛苦你了。"妹妹则回答他："你不用再介意了。"

弟弟的绝望

2006 年 4 月 9 日，秋田县藤里町有一名小学四年级的女童失踪，第二天，有人在附近的河里发现了她的遗体。5 月 17 日，与女童家相隔两户的小学一年级男童也失踪了，遗体同样第二天在附近的河里被发现。

6 月 4 日，被害女童的母亲畠山铃香遭到逮捕。媒体以煽动情绪的笔法报道这起事件，例如反复播放畠山铃香在被捕前与媒体针锋相对的画面等等。开庭后，一审和二审都判处了她无期徒刑。

被告畠山铃香在审判过程中虽然坦承自己杀害了邻家男童，却声称女儿是意外死亡，证言也一变再变。

畠山铃香有个小她 4 岁的弟弟。

事件发生两年后，《周刊新潮》刊登了一篇报道，名为《弟弟的绝望》。

畠山铃香的父亲在事发前一年因为中风住院，事发一年后过世，最后一段日子过得十分悲惨。

他在过世之前与妻子（畠山铃香的母亲）离婚，斩钉截铁地表示"绝对不能原谅女儿杀了我的宝贝孙女"。畠山铃香的母亲则被迫恢复旧姓，也被禁止参加前夫的葬礼。

弟弟在姐姐遭到逮捕的 10 个月后，也就是 2007 年 3 月底，辞去了代驾公司的工作。据朋友表示，喝醉的客人常常会用手机镜头对着他说:"你就是畠山铃香的弟弟吗?"当他露出苦笑时,又指责他:"这时候你不该笑吧?"他向朋友表示,"辞职是因为无法再忍受这种情况"。

据《周刊新潮》报道,弟弟辞职后每天前往职业介绍所,面试时也并不隐瞒与事件的关联。然而他一直找不到工作,还为了领低收入补贴而卖掉了名下的小型汽车。

当时和他一起吃过饭的朋友说,比起以前,他眼眶凹陷、身形消瘦。他说着"好久没跟人一起吃饭了,原来饭这么好吃",却几乎没有动筷子,不知道是不是受到事件的影响,连食量都变小了。

这篇报道写于仙台高等法院开始二审之前。

一审时,畠山铃香的弟弟都会去法院旁听,到了二审,却向朋友表示不愿再前往法院。

他或许是对姐姐感到绝望吧?他还曾对朋友说:"日本有援助被害人家属的组织,为什么没有援助加害人家属的呢?大家都是怎么活下去的?"

畠山铃香的母亲在丈夫临终时被迫与其离婚,之后一直隐姓埋名过日子。她虽然腿脚不方便,一审的时候还是和儿子一起前往法院旁听。畠山铃香被判处无期徒刑后,她因为脚部手术而暂时住院,出院后回到娘家生活,不时害怕会有媒体上门骚扰。

2010 年 1 月到 2 月之间，我寄了好几封信给东北地区畠山铃香的弟弟，询问他是否愿意接受访问，然而对方从未回信。

交通意外
令加害人家属
走上绝路

除了上述比较重大的刑事案件，交通意外也会导致加害人家属走上绝路。

根据日本《交通意外统计年报》显示，2008 年日本发生的交通意外有 766 417 起，其中死者 5 155 人，伤者则多达 945 504 人。交通意外造成的死伤数目如此之大，肇事者自然也很多。

如果说杀人一类的滔天大罪离普通人的生活比较远，交通意外则是随时都有可能发生的。

交通意外的肇事者与家属，往往需要负担高额的医药费和精神赔偿费用。

另一方面，不少肇事逃逸者，最后也因为承受不了罪恶感而自杀。

不仅如此，有时连他们的家属也会一起走上绝路。

2001 年 1 月 2 日凌晨 4 点，茨城县 H 市的住宅区发生火灾，起火地点是一栋木造两层住宅。这场火灾不仅导致面积约为 95 平方米的住宅全部被毁，邻近的房子也遭到池鱼之殃，最后一共烧毁了三栋房子，350 平方米以内的房屋全部化为灰烬。

火势扑灭后，现场发现了一具女性遗体，是家住在起火住宅的 57 岁主妇。她与 62 岁的丈夫住在这里，在附近的超市做计时工。

在火灾发生的 9 天前，她的丈夫在茨城县内肇事后逃逸，之后因为业务过失致死罪遭到逮捕。

当时报道这起火灾的《读卖新闻》表示，警方分析这名主妇可能是自焚。

丈夫在前一年的平安夜肇事逃逸，妻子在 1 月 2 日新年期间自焚身亡。虽然丈夫的确触犯了法律，造成了他人死亡，但家属背负的十字架也未免太过沉重。

除此之外，还有夫妻一同走上绝路的例子。

2002 年 6 月 15 日清晨，奈良县深山的村子里一对务农的老夫妻自杀了。丈夫 75 岁，妻子 76 岁，两人头部流血，遗体旁边散落着遗书、霰弹枪和刃长 15 厘米的斧头。据第二天的《读卖新闻》报道，警方推测是丈夫持斧头砍杀妻子之后，开霰弹枪自杀身亡。

丈夫在自杀前一个月，也就是 5 月 14 日驾驶轻型卡车，在村子里的国道上轧死了家住附近的 86 岁女性。他肇事逃逸，但一小时后就被抓获，遭到起诉，于月底获得保释。

妻子健康情况不佳，之前都是由妹妹负责照护。

丈夫在遗书中表示"对不起死者家属"，前来照护姐姐的小姨子也曾目睹姐夫被捕后深切忏悔的模样。

报道最后总结道："警方推测夫妻二人是因为肇事逃逸的罪恶感而一同自杀。"

从这起事件可知，产生赎罪念头的其实不仅是肇事者一人。

因顶罪而导致的悲剧

另一起肇事逃逸案件引发的悲剧，发生在 1987 年。9 月 7 日晚上，一名高中生在贯穿千叶县 K 市的国道上骑车时，遭到汽车碾轧，肇事者逃逸。

意外发生一小时后，一对兄妹前往附近的警察局自首。哥哥 23 岁，妹妹 19 岁，妹妹供称"是我开的车"。当天深夜，遭到汽车碾轧的高中生死亡，警方依过失致死与违反道路交通法的罪名逮捕妹妹，陪同妹妹自首的哥哥则自行回家。

其实，妹妹自首是肇事者家属不得已做出的决定，却在隔天酿成了严重的后果。

第二天下午，被捕的妹妹坦承："当时驾车的人不是我，其实是哥哥。"这对兄妹的父亲凭着自营事业养活一家人，却在 50 多岁时因脚伤无法工作，由 21 岁的哥哥挑起重担，一个人抚养双亲和妹妹。

妹妹表示前一天会顶罪，是因为"哥哥要是被捕了就没有人能养家"，警方于是决定紧急审讯哥哥。

就在此时，警方却接到一通电话，住在这对兄妹家附近的主妇发现哥哥在房子后面的堤防树上上吊自杀了。

警方赶到时，在肇事者家中的床上发现了两封遗书，一封写给父母，一封写给妹妹，内容是向家人表达肇事的歉意。

警方虽然暂时释放了妹妹，之后却又因为包庇犯人罪而不得不继续对她审讯。

妹妹因为体贴肇事的哥哥而自行顶罪，背后透露出家属强烈的自责与不安。然而，这反而导致哥哥寻了短见，招致了不可挽回的后果。

加害人任职的机构
受到强烈谴责

前面介绍的是交通意外的肇事者家属负疚悔恨的案例，接下来则是肇事者周遭看似不相干的人也遭到了强烈指责的案例。

2006 年 8 月 25 日晚上，福冈市湾岸道路发生了一起汽车追尾事故，死者是 3 名儿童。当时暑假即将结束，受害人一家出外采集昆虫归来，因为被后车追撞，导致驾驶的汽车越过左侧高出车道 15 厘米的步道，撞破高 1 米的金属栏杆坠海。

追撞这家人的是一名 22 岁的福冈市公务员，任职于负责捕捉流浪狗与预防接种等工作的动物保护中心。当时他的车上还有一名 19 岁的青年，两人在福冈闹市区的小酒吧喝酒后开车回家。

意外发生之后，福冈市政府遭到了铺天盖地的指责。

事发后第二天，福冈市长 Y 为了申办 2016 年夏季奥运会而参加电视节目录制，没想到却在民营电视台的摄影棚中接到了下属职员被捕的通知。市长原本是为福冈申办奥运而上节目向市民宣传，最后却哑口无言，不得不向市民道歉。

"人民公仆的工作应该是服务市民，现在却出了这样的事，我身为市长，在此表达由衷的歉意。"

市长在 8 月 27 日前往受害人的灵堂祭拜，向家属致歉。失去 3 名子女的父亲质问市长："你懂我的心情吗？"孩子们的祖父也愤慨地表示："市政府到底是怎么教育公务员的？"

仅仅在三个星期前，福冈市自来水处的职员就因为酒驾肇事而被停职。

福冈市的公务员接二连三肇事，市公所因此接到了将近 2 000 封抗议的电子邮件与无数电话，都在指责"公务员的道德素质过低"，质问："你们到底是怎么教育公务员的？"

由于受到强烈谴责，福冈市只好停止各项申奥活动。4 天后，日本宣布由东京代表国家申奥。

社会大众因为加害人属于"家庭的一分子"而责备加害人家属，认为"家属与加害人同罪"；而隶属市公所的公务员则是"市公所的一分子"，社会大众责备的对象于是转为市公所。

加害人如果隶属国家机关，社会大众责备其所属机构的倾向就更为明显。

2007 年 8 月 24 日，也就是意外发生一周年的前一天，福冈市又发生了一起意外：公务员 I 酒驾一事被曝光。事故发生在 23 日晚上 9 点半，市公所分部市民课[1]的 42 岁职员骑

---

1 课：日本企事业单位中的科室或部门。——编者注

摩托车和汽车相撞，警方赶到现场后，发现这名职员系酒后驾驶。

当天这名职员先是参加了在市公所举办的市民课会议，于傍晚6点左右出席在附近居酒屋举办的恳亲会，结果回家路上发生了这起意外。根据当时的报道，恳亲会上还聊到了不久之前发生在北九州岛的公务员酒驾意外，主办方恳请大家不要酒后驾车。

市长（和一年前不是同一人）为此召开紧急记者会，向市民道歉。然而社会大众的怒火并未就此平息，市公所一天内就收到了120多次抗议。

过度指责
酿成的悲剧

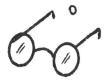

2004 年 3 月 8 日早晨，在兵库县姬路市经营养鸡场的农产负责人夫妻俩把绳子绑在树上，上吊自杀。负责人 A 当时 67 岁，妻子 64 岁。据当天的《神户新闻》报道，在 A 住宅的厨房中，发现了落款处圈起姓氏、类似遗书的文件，内容是 "给大家添麻烦了"。

这对夫妻走上自杀之路的经过，和加害人家属在案件发生后面对的严苛现实有相似之处。A 的处境在某种程度上就类似于加害人家属：他并没有亲手犯下罪行，而是因为对某些事情态度被动、置之不理，成为间接的凶手，就像那些犯罪少年的父母。

事实上，2003 年，A 农产的营业额高居兵库县内养鸡业首位。他们的养鸡场培育蛋鸡，同时提供食用类的肉鸡。包括京都府一处、兵库县三处与冈山县一处，旗下的养鸡场共计饲养了 175 万只鸡。

京都动植物防疫所在 2 月 27 日接到一通匿名电话举报，于是前往 A 农产的养鸡场检查，结果发现鸡只罹患禽流感。此外，送货地的鸡只和附近养鸡场的鸡只也都已染病，A 农产疑似感染源。

A 农产因而遭到社会大众的强烈指责，质问负责人为何忽略了禽流感造成鸡只大量死亡的严重事态，没有及时向行政单位通报。

A 在发现鸡只大量死亡后没多久，于 3 月 2 日召开记者会，向媒体说明："以前曾经发生过鸡只因为肠炎而大量死亡的事件，因此没想到这次是禽流感。"然而这番说辞反而更让人怀疑他早已发现了禽流感，认为他"不负责任"，攻击的炮火变得更加猛烈。

根据《神户新闻》报道，A 兼任日本国内的业界团体干部，在这番攻击中收到了卸任的通知，他也自行辞去了兵库县业界团体高层的职务。

京都府警方表示，A 农产并未通报行政单位鸡只大量死亡一事，因此以违反家畜传染病预防法的嫌疑开始讯问 A 农产的员工。

A 自杀的前一天，也就是 3 月 7 日傍晚，他在担任社长的长子、律师的陪同之下再次召开记者会，在一个半小时的记者会中不断答复记者的提问，试图解释说明。

而夫妻俩隔天就被发现上吊身亡。

为什么 A 没想到鸡只已患上禽流感？为什么他没有及时通报行政单位？相关单位并未做出检讨和反思，事情就在 A

夫妻自杀后平息了。A担任社长的长子被判处有期徒刑，宣告缓刑，农产则申请破产。

A因一时疏忽引起疫病爆发，责无旁贷，然而过度指责当事人，逼迫其自杀，并无益于探究原因、预防事件再度发生。

首次针对
加害人家属的
全国调查

2010 年 4 月 5 日，日本政府公布了针对全国犯罪加害人家属的问卷调查结果，这应该是日本第一次针对加害人家属的全国调查。

负责调查的是仙台青叶学院短期大学精神照护学系的高桥聪美教授，以及仙台成立的援助加害人家属民间团体 "World Open Heart" 的代表阿部恭子女士所带领的研究团队。

问卷共调查了约 150 个家庭，家中皆有成员犯下杀人或盗窃等罪行，但收到回复的最终仅有 37 个家庭。阿部认为问卷回收率低是因为 "加害人家属觉得自己没有权利发言"。

问卷显示加害人家属的痛苦和烦恼如下：

1. 没有对象可以谈论事件（67%）。
2. 不知如何应对被害人及其家属（63%）。
3. 因为媒体报道而大受打击（58%）。
4. 不清楚刑事案件的处理过程（58%）。
5. 难以忍受警方与检察官的讯问（57%）。

另外，"因为介意外界的目光而无法出门" 占 52%，"受到威胁与骚扰"占 38%。虽然这后两项的比例比想象中少，但值得注意的是，问卷调查对象的家人多半犯的是轻罪，而非前文提及的重大案件。

也有人在意见栏补充"曾自杀未遂"或"考虑过自杀"。由此可知，这也是一个很值得关注和担心的问题。

关于调查对象的精神状态，问卷使用了"抑郁症自评量表"进行分析，发现有抑郁症倾向的家属多达 34%。特别是造成了他人身体或财物损害的加害人，其家属更容易罹患抑郁症。

阿部认为这项调查的结果再次印证了"加害人家属容易受到孤立"，绝大多数的加害人家属都因为家人犯下的罪行而失去了"倾诉痛苦"的对象。

这项调查研究的资金来自警察署下设的社会安全研究财团，该财团旨在研究保护市民安全所需的政策，每年资助各类调查。高桥在交给财团的研究概要中提出："日本社会至今对于加害人家属需要援助一事缺乏认知，加害人家属所面临的各类问题目前都处于搁置状态。"

既是被害人家属，
也是加害人家属

借由本次采访，我发现了一名在加害人家属中处境极为艰难的女性。

这名女性表示"自己既是被害人家属也是加害人家属"，也就是说她的家人杀害了另一位家人。她想摆脱无人倾诉的苦恼，于是联络被害人家属团体，对方却拒绝让她加入。

这类既是被害人家属也是加害人家属的情况，起因多半是凶杀案。

近来挑选素不相识的陌生人下手的凶杀案屡屡震惊日本全国，因此民众或许会以为这类案件占大多数，但其实日本的凶杀案中，有四成的被害人是加害人的父母、配偶、兄弟姐妹或子女，也就是"家人杀害家人"。

龙谷大学的教授滨井浩一表示："在日本，'家人杀害家人'的案件占凶杀案总数的四成，是传统的凶杀案类型。"

2010年4月23日，东京地方法院判处一位犯下杀人罪的67岁女性有期徒刑3年，缓刑5年。这名女性在前一年的7月25日杀害了自己的长子。

事件开始于2009年7月15日，这名女性的长子因为金钱纠纷而自杀未遂，最后只能依赖医疗设备勉强维系生命，恢复意识的可能性接近于零，为这出悲剧揭开了序幕。

长子已婚，有两个小孩，医药费的重担压在了他妻子的肩头，自杀未遂无法获得保险理赔，光是住院 10 天的医药费就高达 350 万日元，而后每天的基本医疗费用则为 30 万日元左右。妻子向医师提出请求："拜托你们放弃治疗，由我来拿掉呼吸器。"但遭到了医师拒绝。

婆婆不忍心看到儿媳受苦，根据《东京新闻》的报道，她一面抚摸着儿媳的背，为她加油打气，说"我会全力支持你们"，一面又觉得不能再让儿媳痛苦下去。

7 月 25 日，加害女子在日记中写下："我身为母亲，生了孩子就要负责到底。"然后用菜刀刺杀了躺在病床上动弹不得的长子。最终，长子留下妻小，离开了人世。

这名女子基于"不能再让儿媳痛苦"的念头犯案，却带给了媳妇更大的伤痛。

媳妇不仅成了加害人家属，同时也成了被害人家属。开庭时，她站上证人席，表示"如果婆婆没下手，就是我动手了"。她之所以按捺住了冲动，是担心自己被捕会害两个孩子失去父母。看到被捕后瘦了 15 公斤的婆婆，她在做证时流着泪表示："婆婆一定很挣扎，请你们放过她，相信我丈夫也是这么想的。"

Chapter 3

第 三 章

互联网狙击

网络制裁

网络迅速普及也是致使加害人家属承受巨大压力的原因之一。

接下来的案例，是九州岛工业大学的佐藤直树教授提到的"虐猫事件"。这是典型的网络制裁影响媒体，最终波及案件本身的例子。

事件发生于2002年5月6日深夜至第二天凌晨，一名20多岁的男子在福冈市内的自家公寓中凌迟幼猫，切下幼猫的耳朵、尾巴，用绳子勒住它的脖子，等等，同时把过程拍照，在网络上公开。

有人看到照片后报警，福冈警方于是着手调查这名男子，并于5月22日将案件函送检方侦办。

以往这类网络上违反动物保护法的案件，警方都是以这样的形式处理的。

然而这起案件却引发了轩然大波。根据报社报道，犯案男子被送检方侦办后，批判的声浪在网络上瞬间发酵，大众普遍认为"只是函送侦办太便宜他了"，因此在网络上展开联署，希望检察官起诉这名男子。有人将联署名册和请愿书公开在网络上，任谁都能点阅，据说那时"平均每天有2 500—

3 000 条相关留言",网络声浪逐渐波及了现实社会的决策。

与此同时,仿佛在呼应网络上的巨大声浪,八卦节目也大肆报道男子如何残酷地虐待动物,引发了全国民众关心。

事件曝光三个月之后,福冈地检署确定逮捕与起诉这名男子。

佐藤教授引用了《每日新闻》2002 年 8 月 8 日的报道,指出福冈地检署逮捕与起诉该男子是特例,"福冈地检署每天都接到数十次来自全国的请愿书与电话,要求严惩该男子。其实大多数的虐待动物案件都是函送侦办,申请简易判决并处以罚金,但这起案件因为'极端残忍,社会影响力甚巨',检方才改为逮捕与起诉"。

2002 年 10 月 21 日,福冈地方法院判处该男子 6 个月有期徒刑,缓刑 3 年。

当晚的《每日新闻》持续报道了这起事件,提及开庭时一位旁听的女性企图夹带猫的"遗照"进入法庭,遭到法院制止。这名女性身边的人因而纷纷批评法院处理不当,甚至有人在法院前拉起了上书"有罪"的抗议条幅。

隐私被传上网络

社会大众不仅发起了严惩犯案男子的运动,他的家人也遭到了排挤。

网友公开了男子当时的住址与大头照,早在福冈警方公布男子的姓名之前,就已一一曝光了他的学历、兴趣与性格等或真或假的个人资料。

男子的父亲从事教职,也成为网友攻击的对象。父亲的真名与位于中部地区的住宅地址、电话号码,甚至就职单位与座机号码都被一一曝光。

据《每日新闻》报道,"男子父亲的家中每隔两到三分钟便会接到骚扰电话,直到深夜,住宅附近还有人散发中伤的传单"。

父亲所任职的学校也涌入了抗议的声浪。

网络论坛上也有人发帖"我刚刚打电话去学校,是男子的父亲接的",帖文内容还包括他与男子父亲详细的对话,其他网友看到后,便又留言批判男子及其父亲。

我曾经前往男子父亲的住宅一带。那是位于中部地区的乡下小镇,居民都在此居住多年,彼此相识。

我采访了一位中年主妇,对方表示那时学校接到了许多电话，质问："教书育人的老师怎么教出了这种儿子？"来自当地家长、陌生人或匿名的骚扰电话也不在少数。

我造访时，注意到四周都是平日里无人经过、错综复杂的小巷。然而中年主妇告诉我，这些平时鲜有人迹的小巷子，当时却挤满了媒体记者与看热闹的人。似乎仅仅是回想都让她觉得不舒服，她以"压力"一词形容当时笼罩于此的紧张气氛。接二连三的抗议电话导致男子父亲的生活与工作陷入一片混乱，这位主妇表示，男子父亲的上司也受到了"连坐处罚"，被迫转调到其他学校。

甚至福冈地方法院也在法庭上提到了这些社会制裁。

根据《每日新闻》报道，法官在宣判当天严厉训斥男子"对社会造成不良影响，或许还会出现效仿者"，同时却也提及男子"家属的隐私遭人公布在网络上，受到了过度的社会制裁"。

报道记录了男子因此承受的巨大压力，并在最后写道："男子在法庭上表示'对社会的恐惧支配着我'，听到判决结果时面色灰暗、表情僵硬。"

我前往男子父亲的住宅一带时，事情已经过去了 8 年，他们早已搬往其他地方，居住于此的是不相干的陌生人。

与网络共生的
网暴

网友攻击加害人与加害人家属的现象，据说开始于 1997 年的神户连续杀害儿童事件。

当时施害少年遭到逮捕前，网络上就有攻击言论出现。据说某个网页上的字都是红色的，还出现了很多极端的字眼。然而根据当时《产经新闻》的报道，搜查部并未查到该网页。

20 世纪 90 年代后期，网络的普及程度远不及现在，就连当时写下报道的《产经新闻》记者，都对此知之不多。然而早在网络发展初期，网友就开始攻击加害人与加害人家属了。

施害少年遭到逮捕后，网络上充斥着他与家属的信息，其中部分内容来自少年父亲的同事，父亲供职公司的名称也正确无误。

根据汇整此案采访资料的《采访生命之重：神户连续杀害儿童事件》一书记录，记者每次在网络上看到关于加害少年家属未经证实的信息，便会拜访相关人士，确认消息真伪。当时网络信息已经开始影响犯罪报道，采访团队也受到了影响。

有网页罗列了所有与加害人同姓之人的电话号码，当时似乎有人打过恶作剧电话或无声电话，骚扰与案件毫无关系的同姓人家。《产经新闻》的采访团队在书中表示："网络上关于加害少年的信息造成了二次伤害，但每个网站都坚持自己有言论自由，发布信息时毫无顾忌，甚至强烈谴责不公布加害者姓名与照片的媒体。"

前文曾提及，周刊杂志会公布加害人的姓名与照片，这也会在网络上引发轩然大波。

论坛与网站上会接连发布貌似翻拍自周刊杂志的照片，吸引大量网友点阅。网站因为一些过于激进的留言而删去了加害人的大头照，但是没过多久就又会重新上传。《产经新闻》的记者观察着这一连串的事件，认为"这群网友根本是在闹着玩"。

另一方面，兵库县律师会因为要求刊载加害人大头照的杂志"停止销售"，而接到了大量匿名骚扰与抗议电话，甚至辩护律师团中的一名成员都在家中接到了骚扰电话。

由此可见，在网络上公布加害人家属与周遭相关人士的个人资料并加以攻击的做法，早在那时便出现了。

犯人父母的照片
被疯传

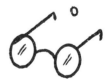

任职于英语会话学校的 22 岁英国籍女子在失踪之后，于 2007 年 3 月 26 日发现死于千叶县 28 岁男子 I 的公寓中。当时 I 在自家公寓前遇到搜查人员，拔腿就跑，千叶县警方在 27 日发布了全国通缉令。

随着 I 的逃亡，网友开始攻击他的父母。

他的父母从事医疗相关工作，两人的姓名、住宅地址与电话号码，甚至任职的医院、负责的科室、头衔与医院电话都遭到曝光，有的网站甚至登出了医院的照片。

论坛与博客上也充斥着各类出处不详的信息，例如"I 的父母给了他逃亡的钱"，或是"I 的父母很有钱，想给被害女性的父母大笔精神损失费，用钱摆平这件事"，等等。加害人父母"高学历"与"高收入"的背景，促使网友的炮火更加猛烈。

这些网站还称 I 的父亲辞去了医院要职，母亲也辞去了诊所工作，口气十分得意。

2009 年 11 月 4 日，据报道，逃亡中的 I 在名古屋市做了脸部整形手术，警方第二天便公布了 I 手术后的大头照。

11 月 10 日，大阪警方在大阪南港的渡轮码头发现了 I，对照指纹后将他逮捕。

警方搭新干线将 I 从大阪押送回东京时，大批媒体疯狂追踪拍摄。媒体以及凑热闹的民众将东京车站挤得水泄不通，可见社会大众对这起案件的关注度。

在社会大众的注目之下，I 的父母在他被捕当晚出现在媒体面前，接受采访。两人的面部没有打马赛克，是所谓的"露脸采访"，表示两人有相当的觉悟，是为了负起身为加害人父母的责任所做的决定。各家电视台当晚的新闻节目都报道了这场记者会。

I 的父母虽然在记者会上表达了歉意，社会大众的态度却仍十分严厉。在电视节目与各类媒体上，学者与相关人士纷纷批评两人"用字遣词不够严肃""父母把儿子撇开，一副事不关己的态度""发言条理分明、滴水不漏，但是感受不到歉意，好像公务员做报告"。

第二天，I 的父母继续接受访问时不再露脸，发言也做了变声处理。

根据当天报道，I 的母亲表示："好恐怖，我不知道自己还能否继续活在这世上。"

但是网络和媒体并不理会这些"不露脸"的诉求。

有些网站持续登出 10 号记者会的采访照，也并不加上马赛克，I 的父母二人放大的头像照片至今仍流转于网络世界。网络上常见的、煽动情绪的文字中，穿插着他们在大批媒体的闪光灯下低着头的照片，手法让人有些不舒服。

　　我寄了好几封信给 I 的父母，表示想了解他们那段时间的处境，但对方并未回信，打电话到他们的住宅，也都是响了几声后便转到语音信箱。

犯人父亲的穿着
被批评

加害人家属接受媒体采访时，穿着打扮也会遭到批评。

2008 年 3 月 25 日深夜，一名 38 岁的男子在从 JR 冈山站回家的路上跌落铁轨，遭到进站的普通电车碾轧。事发现场附近，一位 18 岁的少年坦承是他将男子推落，被赶来的铁路警员以杀人未遂的罪名逮捕。由于被害男子在第二天早晨死亡，少年的罪名于是改为杀人罪。

少年在接受审讯时说，"反正杀人都要进监狱，那么杀谁都可以"，他还持有一把刃长 12 厘米的水果刀。事发两天前，茨城县才发生了随机杀人事件，导致 8 人受伤。数名年轻人"没来由地杀人"，引起日本社会一时骚动。

3 月 26 日，加害少年的父亲在媒体前致歉。少年就读的高中联络了父亲，他从居住地大阪赶往冈山，在冈山接受了媒体采访。

"发生这种事情实在很对不起，把小孩教成这样是我不好。"

少年的父亲鞠了好几次躬。

他屡屡表示"我觉得自己是最差劲的父亲，必须为此负起责任""我不知道该怎么赔偿被害人家属，我儿子真的做了不可挽回的错事"，其间不时哽咽，或是用手遮住脸哭泣。

他告诉媒体，阪神大地震害他们搬了家，少年转学后又在新学校遭到霸凌。部分报道指出家庭的经济状况迫使少年放弃念大学，又找不到工作，自暴自弃下，犯下了杀人的滔天大罪。

少年的父亲不知道儿子为何会犯下如此重罪，只能努力表达歉意。他拼命道歉的画面通过电视传遍全国，一开始民众都对他抱有同情，认为"爸爸这么老实，小孩居然是杀人凶手，太可惜了""爸爸在真心诚意地代儿子道歉"。

然而网络上后来却出现了另一种声音，批评少年父亲的穿着。

父亲在接受采访并致歉时，身穿蓝色的运动外套与牛仔裤，脚上是球鞋，被网友指责穿着"不正式，没礼貌""看起来不干净、不整齐"。论坛、博客和社交媒体上都纷纷出现了指责少年父亲穿着的声浪。

在媒体面前正式道歉时当然应该换上西装，但刚刚从大阪赶来冈山的人有空换衣服吗？网络上的那些批评指责中，没有人提到这一点。

边见庸在《爱与痛苦：关于死刑》一书中，对于少年的父亲必须面对社会大众辩解自卫一事感到深深忧心："究竟是谁逼得他这么做呢？是社会大众促使媒体逼迫家属这么做，是家属受到了社会大众的强迫而不得不这么做。这是日本特有的现象……这让我感到恐惧。"

网络风向，
瞬息万变

　　佐藤直树教授还告诉了我一个真实案例，说明网络等虚拟社会所酝酿出的气氛，究竟如何改变了现实社会。

　　2003 年 1 月 21 日，一名 15 岁的男生在神奈川县川崎市某家二手书店顺手牵羊时遭人发现，在逃跑之际闯进了铁道口，遭到电车碾毙。

　　当时，书店店长通过监视器，发现这名男生把 6 本漫画书藏在上衣里，准备离开书店，于是叫住了他，查问个人信息。男生迟迟不肯透露姓名与学校名称，店长于是报警。在赶来的警察请男生配合调查之际，他趁机逃走，最终发生了意外。

　　意外发生三天后，有人向店长抗议，指责他是"杀人凶手"，店长于是决定暂时关闭书店，并在店门口张贴了道歉公告。

　　2 月 1 日的《每日新闻》记录了店长在记者会上的发言。他表示曾有人来书店当面骂他"杀人凶手"，此外还接到了约 20 通抗议电话，来电者的年龄应该在 30 到 40 多岁之间，而且不止一人。

　　对于"不报警男生就不会死"等批评声浪，店长无从辩解，只说明自己为何决定关店："当面被指责为'杀人凶手'，情绪上很难受。我明白许多人跟我意见相左，因此关店虽然是痛苦的决定，但我想应该是大家都能接受的结局。"

这位二手书店店长虽然不是加害人或加害人家属，却因为"迫使少年走上绝路"而陷入了与他们类似的境地。

然而公布关店的决定时，网络上却又出现了完全相反的声浪。

原本批评的声音突然转为鼓励，二手书店的总公司在短短一两天内便接到了超过 800 封电子邮件和 200 多通电话，表示"店长不需要关店"。店长因此再度召开记者会，表示他会视情况重新决定是否关店。

之所以会出现鼓励的电子邮件，据说是因为某个论坛上出现了"店长好可怜，请救救他"的帖文，消息于是传了开来。

佐藤教授注意到，店长再度召开记者会，计划收回关店的决定时，曾表示召开记者会的前提是自己匿名，媒体也不得拍摄他的脸部。为了保护自己不受网上匿名人士的批判，店长只能如此行事。如果他以真实身份露脸表达意见，恐怕又会招致新的批评，因此只能匿名召开记者会——这些都是匿名人士构成的虚拟世界所带来的压力。

批判的声浪急速转为鼓励，却也有可能再次转为攻击，加害人家属所面对的就是这样的世界。

网络暗语下的
攻击

网络上攻击加害人家属最为出名的，据说是全球最大电子论坛之一的"第二频道"。

"第二频道"中的论坛主题五花八门，每天都有成千上万篇由帖文。前文所提及的种种案件在"第二频道"中多半有专版，浏览中便会发现，不少帖文都直接公开了加害人及其家属的个人资料。

我参考网络上的资料及科普，加上些许个人解读，在此介绍一些日本网络论坛上常见的用语，供各位读者参考。

神[1]：最高级的赞美之一，用于赞美无视法律或道德约束的对象。对于取得了加害人独家资料的人，有时也会被称为"神"。

祭典：指特定的帖文，实时更新正在进行的活动或事件发展。新的资料会带出新的信息，网友会更加兴奋，攻击的炮火也会更加猛烈。

---

1 "神"类似我们所说的"神人""大神"。下文的"祭典"类似"人气文"，"加速"类似"置顶"，"燃料"类似"爆料"，"电凸"类似"电话轰炸"，"信凸"类似"邮件轰炸"。——编者注

加速：指帖文成为热帖，网友纷纷留言，不断快速更新。

燃料：指炒热帖文的话题，发文者的目的不一定是哄抬气氛。加害人家属的个人资料，有时就会成为加速攻击的燃料，有时候也会有"投递燃料"的说法。

蛇：蹲点之意，前往与特定团体或个人相关的地点，把拍到的照片和采访得到的信息发布在论坛上。例如前往加害人家属的住宅和公司。"蛇"和下面的"电凸"都会给加害人家属的生活带来很大冲击。

电凸：指打电话给相关人士确认信息或是指责谩骂，使用电子邮件攻击对方则叫"信凸"。由于媒体在事件发生时也会对相关人士进行突击采访，因此有人认为媒体没有资格批评那些打骚扰电话、发骚扰邮件的人。

不小心：散发传单之意。名称由来是发传单需要许可，所以很多人往往会假装成"不小心"发了传单。

行政机关
对网络侵害的关注

近年来，网络攻击的势头越来越迅猛。

日本法务省人权拥护局发表的调查显示，2009 年发生的网络侵犯人权事件多达 786 件，比起前一年大幅增加了 52.6%，其中妨碍名誉的共 295 件，侵害隐私权的共 391 件。网络侵犯人权案件逐年增加，每年的案件总数如下：

2005 年：272 件

2006 年：282 件

2007 年：418 件

2008 年：515 件

2009 年：786 件

案件数量增加，或许是因为加强监视网络促使了问题的曝光，但增加的速度之快仍必须得到重视。

而人权拥护局在 2009 年展开救济措施的案件有 21 218 件，比起前一年减少了 0.9%。相较需要救济案件的数量变化，可知网络侵害人权案件的增长速度之快。

2009 年，在人权拥护局展开救助措施的案件中，与隐私权相关的案件有 1 869 件，较前一年增加了 14.9%；因网络引起的案件有 746 件，较前一年的 460 件，近乎增长了一倍。

除了在网络上毁谤中伤相关人士，或是发布侵害对方隐私权信息的案件，还包括在网络上发表歧视言论、助长歧视行为的案件。

2006 年人权拥护局在网页上公布了人权侵犯案件的特征，其中完全没有提及网络的作用，关于网络的论述在 2007 年首次出现，近年来才愈加重要。

2007 年 6 月，日本内阁府进行了关于拥护人权的民意调查，发现困扰最多人的网络问题是"交友网站引发犯罪"，占 53.7%，其次则是"被网络上的言论毁谤中伤"（52.8%），与"未成年嫌疑人的姓名与照片被曝光"（40.9%）。

由于网络是多数人以匿名方式发表意见的地方，许多网友认为无须对自己的言论负责，所以往往会造成事态的急速恶化。

因随意发言
背负刑事责任

很多人以为在自己的社交网页或博客上就可以随意发言，然而有时他们也会因此背负刑事责任。

2010 年 3 月 16 日，日本最高法院第一小合议庭针对个人在网络上的发文，做出了值得瞩目的判决。个人在网络上的发言和具备影响力的专家、媒体在公众场合发布的言论一样，可能遭人控告损害他人名誉。

该起案件的被告是一名 38 岁的上班族。2002 年 10 月，他在自己的社交网页上发布假消息，宣称某个在东京都内有多家拉面连锁店的企业和宗教团体挂钩，因而被对方控告损害企业名誉。

东京地方法院一审的判决结果是"无罪"。

相较于媒体、专家通过报刊等纸媒发布的信息，个人在网络上的发言可信度低，加上网络消息实时更新，难免有错误，因此东京地方法院做出了这样的判决。

然而，东京高等法院在二审时却改判有罪，罚款被告 30 万日元。被告申请上诉。

最高法院驳回了上诉，称浏览网页的人不一定认为个人网页上的言论可信度低，即使随后做出更正也不一定能挽回对方名誉，还要考虑到网页可能在短时间内被大量点阅、消息容易瞬间在极广的范围内传播等网络特征。此外法官也指出，被告男性在发文之前并未向相关人士求证消息是否属实。

损害名誉是刑事罪，在印刷物中发布假消息，或在公开场合发表不实言论等等，都涉嫌损害名誉，但如果发布时误以为消息属实，又具备充足的证据自证，则可以视为无罪。

最高法院的这起判决，预示着此后个人在网络上的发言也将依此标准评判。如果明知是假消息却发布在网络上，或是尚不确定消息是否属实就公开发布，发布者就必须负担起刑事责任。

最高法院公布判决后的第二天，《朝日新闻》在头版大幅报道了一事件，说明就算是在个人网页，"发布信息也必须负起相应的责任"。

Chapter 4

第四章

青少年犯罪，
预防比惩罚
更有必要

逃避责任的家长

我见过形形色色的加害人家属，每一位在事件发生后要面对的现实都不尽相同。

这主要取决于加害人是否成年。未成年人犯案后，家长所遭受的指责多半比成年人犯案后其配偶或子女所遭受的沉重。

这是由于一般人普遍认为，家长必须负起教育子女的责任。

本书第二章中曾提到相关的案例。社会大众往往会谴责未成年加害人的爸爸妈妈"是怎么教育孩子的"，认为"小孩捅出娄子之前家长就应该及时发现征兆"。

专攻未成年人作案的石井小夜子律师在著作《面对少年犯罪》中写道："父母对于子女的成长必须负起直接责任，因此社会大众对加害人家长的批判不完全是错的。我本人也曾经抱着'为什么身为家长没能好好教育孩子'的质疑，对加害人的父母投去批判的目光。"石井认为，更好的方式是对家长的痛苦抱持同理心，而非一味批判，同时冷静探究事件的起因，思考改善的方法。然而，就连她有时也会不自觉地站在批评者的角度。

其实一些家长的确应该被指责，因为他们根本不愿意承认自己儿女犯下的错误。

"我家孩子才不会做这种事。"

"都是朋友教坏他、连累他的。"

这些家长会不断找借口，面对被害人及其家属时也毫无诚意。有些家长明明经济上没有任何负担，接到赔偿的判决后却会逃避执行。

还有些家长甚至会包庇子女的犯罪行为。

记者日垣隆在著作《少年欺凌事件：只是因为火大就做了》中提到，他在采访时发现，参与了集体欺凌的少年犯们，家长彼此串供，不让孩子说出实话。在日垣告知他们自己的孩子究竟做出了多么残忍的事情之前，这些家长都不知道，甚至根本不想了解孩子到底做了什么。

日本法律规定不得公开少年犯的真实姓名，未成年人犯罪后进入少年辅育院，过一阵子就能回归正常社会，这或许是一种希望尽量不要伤害青少年心灵的"父母心"。

但这并不代表家长可以一味纵容孩子、逃避现实。

形迹可疑的孩子

记者黑木昭雄曾做过长达 23 年的警官，接触过许多少年犯。他在著作《栃木欺凌事件：警方为何不行动》中提出，"未成年人犯罪，责任多半在家长身上"。

媒体喜欢以"单亲家庭""父母离婚"等关键词来解释少年犯的家庭背景，然而，并不是所有单亲家庭的孩子都会犯罪，"重要的不是家庭形态，而是亲子关系"。

家长对子女的信任是理所当然的，但这种信任只建立在"亲子关系"之上，不能带到家庭之外。"少年犯的父母案发后无一例外，会露出一副'我家孩子绝不可能做出这种事'的表情。听起来很像笑话，但我说的都是实话。"

书中还写到，案发之前家长发现征兆，听了孩子胡乱搪塞自己的借口后，居然不假思索地相信了。

例如案发之前，一位母亲看到儿子的桌上有 100 万日元的借据，惊讶地追问儿子。儿子找来了另外几名加害人和受害人，逼迫受害少年说："是我的车子出了意外，需要借钱来修理。"母亲不知是否真的相信这番说辞，总之不再追究了。

为什么这位母亲不再继续追问儿子呢？黑木表示："每位家长都觉得自己的孩子最好，但正因如此，也最难看穿子女的谎言。"

后来参与到欺凌事件中的少年 T，在事发后马上回家，向母亲坦承一切，并且想去自首。得知 T 曾经就身处受害人死亡与弃尸的现场，母亲却对他说："人不是你杀的，你不用去自首。"

虽然遭到母亲反对，T 最后还是下定决心去自首了，也使这起案件最终被破获。

黑木还揭露在受害少年死亡、被弃尸的当晚，主犯少年 F 曾和父母、女友一起用餐。

F 的母亲发现儿子一直不肯正视自己，一副心神不宁、食不下咽的模样，却没发现他其实犯下了滔天大罪。父母虽然注意到儿子形迹可疑，却也只是觉得他"大概又是去恐吓谁了吧"。

法官知道这件事后表示："儿子犯下凶杀案，父母却以为他不过是去恐吓了别人。这样的父母保证会督促儿子改过自新，一点说服力也没有。"

批评与同情的界限

另一方面，有些家长觉得必须背负子女犯罪的全部责任，天天忏悔反省。

M 便认为是自己的教育方式有问题才导致孩子误入歧途，因此深陷罪恶感之中。他十分害怕孩子再度犯错，甚至好几次都想要和孩子一起自杀。尽管孩子犯下的并非杀人重罪，只是窃盗，他还是异常痛苦、孤立无援。

一些家长考虑到被害人家属的心情，认为自己没有辩解的权利，因此拒绝接受采访。

第二章提到，几位加害少年的父母曾发表手记，口气都是"希望能避免同类案件再次发生"。然而 M 却认为"这种不检讨自己的口气太过傲慢，我不会这样做"，之后也不愿再说明孩子犯案的经过与事件曝光后的经历。

一般人很难单凭新闻报道，来评断家长面对子女犯下错误时所展现的态度，因为报道内容往往片面单一，或是在刻意营造一种"上梁不正下梁歪"的偏见。

另一方面，加害人家属的道歉与反省之意，往往会被媒体忽略。毕竟他们的道歉与反省，究竟是发自内心还是为了博得法官好感，外界实在难以判断。

所以，就算是衷心道歉，加害人家属往往仍旧难以获得社会大众的谅解。毕竟比起陷入后悔自责，"逃避责任"更符合一般人对加害人家属的想象。

少年犯的父母在日本社会常常遭到指责，程度则由当时社会的氛围决定。

忽略了
孩子求救的信号

相信不少父母都曾担心自己的孩子会误入歧途，日本有一项"重大少年事件观察研究"，或许可以帮助父母尽早察觉孩子的异常征兆。

2001年，日本的16名家事调查官、观护人与大学教授，共同分析了1997年到1999年之间单独作案杀人的10名少年，以及参与集体杀人的10名少年，合计共15件案例。研究内容包括少年的家庭背景、事发前有哪些举动等等，成果汇整成著作《重大少年事件观察研究》。

研究首先分析了单独作案的杀人案件，发现加害少年可分为三种类型：

1. 童年时经常表现异常。

2. 表面看上去很正常。

3. 青春期受到过重大挫折。

其中第一类少年犯多半小时候曾遭受父母虐待，或是母亲因育儿压力精神不稳定。有些母亲甚至当着孩子的面表示："当初就不该生你。"

　　等到上小学的年纪，他们便开始反复出现不良行为，例如偷吃零食或是偷拿父母的钱去打游戏。这些行为的目的都是希望引起身边人的注意、渴望父母的亲情，倘若家长在这个阶段注意到了子女的问题，就还有机会挽回。

　　可惜的是，家长们往往忽略了孩子求救的信号。

　　研究团队发现，很多家长不是没有发现子女的问题，就是觉得子女给自己丢了脸，因此更加生气，甚至对子女施以严重的体罚。

　　结果这些孩子并没有因为父母的斥责而遵守规矩，反而认为只要瞒得过就好。随着年龄增长，他们越来越无法适应学校生活，问题也越发严重。

　　其中有些案例在老师的关心下情况暂时获得了改善，例如小学老师把手放在孩子的肩膀上，在气氛平和的环境中聆听孩子的心声、鼓励他交朋友等等。孩子会因此尊敬老师，与之建立信任关系，问题多半也因此减少。

　　然而毕业切断了他们与小学老师的联系，如果没能在中学里找到足以信赖的成年人，便会再度出现不良行为。

　　这一类少年犯下的凶杀案有一个共同点：加害人会不断将被害人抓回攻击，或是在被害人道歉求饶后依旧对其施以暴力。这些行为的根源都是"害怕挨骂"。明明只是偷窃，被发现时，却会因为害怕"父母斥责"而冲动杀人。

由此可见，家庭环境对这类少年犯影响甚深。

重视孩子的
情感发育

第二类少年犯表面上看起来很正常，往往童年时规矩老实、毫不显眼，某一天却突然犯下了滔天大罪。其中又可分为两种：

1. 情感发育有障碍。
2. 疑似有精神障碍。

所谓情感发育障碍，指的是不善表达情感、缺乏表情。分析结果显示："这种类型的孩子会在朋友邀请时与其一起玩耍，并配合周遭的指令行动，但其实并未真正适应环境。"这些孩子不过是在依循熟悉的模式行动，而非主动积极地与周遭建立联系。

他们在家里也循规蹈矩，"和家人的情绪交流只限于表面"，因此家人往往也察觉不出问题。

他们在无法与他人建立联系的情况下长大成人，把因此带来的伤害与不安藏在心里，表面上毫无异常。

学校老师也很难与他们建立联系。

研究团队提到某些少年犯中学时代几乎不曾和老师对话，

或是只能说得出老师姓名，他们的特征是对周遭不感兴趣、性情孤僻。

这一类型少年犯的家庭环境看似没有问题，但背后往往隐藏着难以解决的矛盾。例如父亲不愿意面对家中严重的婆媳矛盾，老是吃外食、逃避回家等等。研究团队通过分析发现，这些家庭往往不愿意正视潜在的问题，家人彼此间无法面对面沟通。

这样的家庭其实不在少数。微小的矛盾不断积累，最后就可能引发犯罪。

这一类型的少年犯还有一项共同的特征：他们通常习惯躲在自己的世界里，搜集凶器或是沉溺于暴力的游戏、影片、书籍。这些行为发酵为暴力，过程中或许还有其他更重要的因素，尽管研究团队难以分析当事人内心世界与暴力结合的实际程度，但发现这些特征还是有意义的。

而疑似有精神障碍的少年犯则难以被精确分析。

犯下重罪的少年犯可能有发展障碍或是脑部损伤，这样的论调屡见不鲜。然而，轻易笼统地将这两者联系起来是非常危险的。

畸形的亲子关系

　　至于青春期经历过严重挫折的少年犯，特征是小时候曾因为学业成绩优异或体育表现优秀而备受父母疼爱，但进入青春期后，经历了无法自行消化的挫折，导致冲动杀人。

　　这一类型的少年犯在获得周遭的肯定时表现正常，但失去肯定便会自暴自弃、迁怒他人，最后犯下杀人重罪。

　　这类少年犯的家长虽然疼爱孩子，但在孩子真正需要帮助时却不愿意认真倾听。即便孩子举止粗暴、不守规矩，也因为他们成绩优异而选择睁一只眼闭一只眼。

　　而孩子也害怕破坏自己在父母心中良好的形象，因此不愿向父母诉苦或是说出真心话。

　　这类畸形的亲子关系，在孩子遇到挫折时便会展露其脆弱。

　　问题暴露后，家长发现心目中理想子女的形象已慢慢瓦解，便转为无视或蔑视孩子。研究团队发现，当孩子遭遇挫折、心灵受创之际，家长们无法给予安慰，就会导致亲子关系出现严重裂痕。

　　这类少年犯往往也会以轻蔑的态度面对学校老师。因为他们的自我意识过度膨胀，认为自己无论对老师做什么都会因为成绩优异而被原谅，老师倘若指出错误，则会更加激起他们的反感。

犯罪之前，他们往往会声称自己发烧、肚子痛，或是突然不愿意上学，有时则是粗暴地对待他人。相较于另外两种类型，这类少年犯并没有非常明确的行为征兆。

研究团队分析认为，这类少年犯一开始并没有杀人的念头，倘若犯罪时手上没有刀子，或许就不至于杀人。

分析了这三种类型的少年犯后，或许不少家长会觉得"我家孩子也符合其中某项特征"，因而感到十分不安。其实，小错与大罪不过一线之隔。

根据研究团队的分析与亲自采访加害人家属的经验，我发现家长预防未成年子女犯罪的关键，在于究竟是一直保持"我家孩子怎么可能做出这种事"的"人性本善"态度（包括不关心子女），还是多少秉持"搞不好我家孩子也会这么做"的"人性本恶"想法。

一旦发现子女的举止出现异常，秉持后一种想法，或许就能把孩子从犯罪的边缘拉回来。

大恶始于小恶

包括杀人未遂案件在内，日本每年大约会发生 1 200 起凶杀案，意味着平均每天会发生三到四起。报纸与电视新闻也几乎天天都会报道凶杀案。

一般人往往难以了解杀人犯的心态，毕竟杀人不同于盗窃，是距离普通人生活很远的犯罪。

但是分析加害人的背景可以发现，这群人多半不是某一天突然从守法公民变成了杀人犯，而是不断重复轻微的犯罪，最后终于走上了夺人性命的绝路。

日本国内在这方面并没有引人瞩目的研究，但英国记者托尼·帕克（Tony Parker）曾采访过 10 名杀人犯，汇编成《杀人犯的午后》一书。书中提及这些杀人犯破碎的家庭背景，同时描绘了他们累积"小恶"终至杀人的经过。

这 10 名杀人犯的前科和作案经历如下：

1.13 岁时闯入民宅行窃，之后再犯。18 岁时刺伤路人致死，被判处终身监禁。

2.14 岁时向祖父强行索讨零用钱遭拒，争吵之中将剪刀刺向祖父脖子致对方死亡。

3.从小偷窃自行车与摩托车，杀害自己进入少年辅育院时生下的 1 岁半孩子，被判处终身监禁。

4.女性，父母离婚后进入育幼院生活。趁父亲与继母旅行之际，偷窃家中的珠宝饰品卖给二手商店。30 岁时被在酒吧认识的男子施暴，用刀子刺杀对方。

5.童年时抢劫食品店，盗取快艇的马达售卖。成年后杀害在路上偶遇的 8 岁男孩与 3 岁女孩，被害人遗体有被性侵的痕迹。

6.16 岁时偷窃摩托车，因无照驾驶遭警方逮捕。23 岁时杀害供餐宿舍的室友，被判处终身监禁。

7.和前妻同居却争执不断，某次吵架时将前妻从车上推下，致其死亡。

8.屡屡偷窃与顺手牵羊，还曾伪造中奖的赛马彩券，入狱 4 个月。婚后把长女压入浴缸中淹死，用枕头将次女压住闷死。

9.屡屡偷窃商店与仓库，入室或砸破车窗偷窃。19 岁进入珠宝店偷窃时杀害了赶来的警员，被判处终身监禁。

10.原本靠卖春维生，29 岁时发现交往的对象与好友有外遇，杀害好友。

这些杀人犯都是单独犯案，除了 14 岁杀人的犯人 2 和因感情纠纷杀人的犯人 7 与 10，其他 7 位杀人犯之前都是盗窃等案件的累犯。这份资料并不具备太多统计学上的意义，然而在日本，也经常听闻杀人犯前科累累。

尽管他们原本犯下的都是小罪，但屡次犯罪或许使得他们对于犯罪越来越不在乎，终于酿成大错。

青少年群体犯罪

少年集体杀人事件中，加害人的暴行因为群体心理而愈演愈烈，致使被害人最后惨死的例子不在少数。长达数小时的施暴记录，往往叫人不忍卒读。

集体凶杀案与个人单独犯案必须分开分析，《重大少年事件观察研究》分析了集体犯下的重大罪行，发现"集体凶杀案中，加害人一开始往往并没有杀人的念头，多半是群体心理作祟，殴打或踢踹被害人的行为不断升级，等到回过神时，被害人已经死亡"。

群体之中通常存在主导的少年。研究团队分析，"主犯往往胆子大、爱面子，想借由施暴引人注目"。这些少年大多童年时遭受过体罚或霸凌，或是日常生活中常看到父母暴力相向，于是逐渐成为施暴的一方。为了弥补在学校与家中的孤独，他们的反社会倾向越来越强烈。

另一方面，从犯少年也许在学校和家中不曾犯过大错，却非常崇拜不良少年或是憧憬暴力，会通过团体行动消弭心中的不安或不满，在追随主犯的过程中坚信自己变得更强大了。

从犯少年无法正视自己的罪行与被害人，认为自己只是身不由己，如果不出手就可能沦为被害一方，因而拒绝面对自己犯下的错误。

而主犯少年也一样缺乏负罪感，会把责任推给群体中的其他人，或是以被害人出手在先为借口。罪恶感的缺失在集体犯罪中相当常见。

研究团队同时指出，有些加害人家属会包庇自己的子女，认为"集体犯罪就意味着责任会分散到其他人身上"。而犯罪的少年一开始可能只是为了泄愤，但过程中不想被同伴看轻，于是虚张声势，故意激烈施暴，做给其他人看。

什么样的情况会促发这样的群体心理呢？研究报告分析了少年集体犯罪案件，列举了几项有趣的特征：群体成员经常更换、成员来自不同的学校与地区、成员不甚清楚彼此所属的团体，这三种特征最容易促使暴力升级。

处于陌生的团体中，人会隐瞒自己的弱点，想办法高人一等，因此陌生人组成的团体难以统整。这种心态会被酒精等因素强化，酝酿出异常的气氛。此外，有些案件是由 50 人左右、非常团结的团体犯下的，这种情况下，成员也会因为不想示弱落单而施暴。

了解孩子和哪些人来往，也是预防他们参与集体犯罪的关键之一。

"人世间"的可怕

想要了解加害人家属在日本社会的处境，需要明白一个名为"人世间"的概念。"人世间"是社会学者阿部谨也提出的概念，由佐藤直树教授进一步深入分析，日本每年都会举办一次"人世间学会"。

"人世间"里没有人权和权利，有的是"赠予互惠"，换句话说，是只有"礼尚往来"的关系。有来一定要有往，从另一个角度看便是有仇必报。

"人世间"中也不存在欧美所谓的"个人"概念。简单来说，欧美社会是独立的"个人"集合而成的"公民社会"；日本的个人基础，则是建立在模糊的"人世间"之上。

佐藤认为，"人世间"的性质也反映在严谨的刑法世界。

日本的刑法建立于明治时代，参考的是德国的刑法。佐藤用"共谋共同正犯"理论来分析"人世间"。所谓"共谋共同正犯"，指的是倘若多人一同犯罪，不仅亲手实施罪行者是主犯，共同谋划者也会被视为主犯处罚。

这项概念存在于日本刑法，却不见于德国刑法。因为在德国刑法的语境下，罪犯是依照自己的意识而犯罪，日本则是在错综复杂的人际关系当中，存在一定数量"事已至此，无可奈何"的案件，因此必须引入一个新概念。换句话说，日本社会就连犯罪也不存在"个人"，加害人是受到周围的气氛与"人世间"的影响走上歧途的。

案件发生后，加害人家属会受到不存在个人的"人世间"包围。骚扰信件与电话都是匿名。集体采取相同行动，个人混入其中，无法以肉眼辨识，可以躲在安全地带发表意见。如此一来，"人世间"对于加害人家属的抨击便日益激烈。

网络的"人世间"匿名程度更高，因此会更快失控。

讨论日本的加害人家属时，佐藤总是会想起1995年驻扎冲绳的美军对当地少女施暴的案件。当时这名美军的母亲来到日本，还露脸接受了日本媒体的采访。然而，日本的加害人家属则必须隐姓埋名、躲避世人的目光。欧美社会中，"个人"优先于"人世间"，因此就算是加害人家属也能提出自己的主张。

部落内部的审判

观察传统的日本社会如何对待加害人与加害人家属，便可以发现潜藏于日本社会中的传统习俗。

1961 年 3 月 28 日晚上，在横跨三重与奈良两县的某个村落，村民前往会馆参加恳亲会后纷纷腹痛病倒，最后有 5 名女性因此死亡。

4 月 2 日深夜，村民 O 坦承犯案，第二天遭到逮捕。当这个消息传遍全村时，村民对加害人家属采取了非常不可思议的行动——"其中一名被害人家属通过村里的广播呼吁大家'向加害人家属伸出爱的援手'，被害人的子女还带着 O 的小儿子去上学"（《每日新闻》1961 年 4 月 27 日）。

这种情况令人有些难以置信，报道当中并未提及被害人家属为何会这么做。

然而，O 在开庭审判后否认犯罪，情况却出现了 180 度的转变。江川绍子在著作《名张毒葡萄酒杀人事件：第 6 名牺牲者》中，记录当时的情况是："邻居再也不理会 O 的家人，完全无视他们。O 家有时还会遭人丢石头，最后家人再也待不下去，抛下一切，逃离家乡。"

村民还把公墓中 O 家的祖坟挖起，移到远处。

日本传统社会对于破坏社会规范的人会处以"村八分"的制裁，也就是除了灭火跟埋葬尸体外一律不给予对方帮助，O家则是遭到了"村十分"的制裁[1]。

O在法庭上继续坚持自己的清白，但"他越是坚持清白，村民的怒火就越旺，所有相信O的人也都被视为敌人"。

想要了解日本传统社会，明白此案中村民的态度变化是个很好的契机。居民彼此认识、和平相处的小村落，因为O的案件而显露出真正的样貌。

江川分析，O遭到逮捕，代表证据确凿，村民不需要再怀疑邻居，又可以回到原本平静的生活，因此才会出现"宽容对待O一家人"的声音。但O否认犯罪，让他再度成为"破坏聚落和平的敌人"。村民不愿意接受好不容易恢复的秩序再度被破坏，也不希望因此又怀疑其他邻居。

"比起追求个人的权利与真相，这群人更重视聚落整体的和平。个人的悲伤与愤怒，都压抑在聚落的和平之下。"

最高法院在1972年裁定O死刑，江川则是站在O清白

1　古代日本人把集体生活中的大事分为十件：成人礼、结婚、生产、照顾病人、房屋改建、水灾时的照顾、每年的祭拜法事、旅行、埋葬尸体和灭火。"村八分"是日本村庄中的一种私刑，指除了最后两件事外，其他八件事村人完全不给予对方帮助。村民把O家的祖坟迁走，以示一件事都不会予以帮助，因此说O家受到了"村十分"的处罚。——编者注

与否的角度分析这起事件。2005 年 4 月，最高法院接受律师团第 7 次提出的再审要求。此时距离案件发生已经过去了 44 年。

由这个案例也可以看出，潜藏于日本传统社会、重视"和气"的强大力量，依旧存在于现代社会中。

被害人
遭遇二次伤害

日本社会不仅会攻击加害人家属，有时也会攻击被害人与被害人家属。

社会大众往往以猎奇的眼光注视被害人，不曾卷入犯罪事件的普通人在推测他人受害的理由时，往往会持有"被害人肯定有错，所以才会遇上这种事"的逻辑，以批判的态度，怀抱偏见地对待被害人。

媒体报道更是推波助澜，公开被害人的隐私，造成民众偏见。例如桶川跟踪狂杀人事件（女大学生在桶川车站前被前男友与前男友兄长雇用的男子杀害）和杀害千叶大学学生纵火案（凶手杀害 21 岁的女大学生后纵火），媒体都以贬低的态度报道了年轻被害女性的私生活，然而这些描述往往和案件一点关系也没有。

而少年犯案件的民事诉讼也会引发新的攻击。

许多被少年犯杀害了子女的父母，会因为想了解真相而提出民事诉讼。然而少年犯的隐私权受到法律保护，导致不少父母在审判过程中都并未厘清事件真相。

民事诉讼伴随着损害赔偿，倘若被害人胜诉，加害人便必须赔偿被害人。

　　如果赔偿金额高达数千万日元，社会大众便又会把焦点放在这笔巨款上，批评被害人家属"用孩子的命换钱"，被害人家属因而收到毁谤中伤的电话与信件，或是遭到附近邻居冷眼对待。

　　其实许多被害人家属都在案发后辞去或变更了工作，靠加害人家属每个月分期付款的赔偿金勉强过活；也有被害人家属把收到的赔偿金捐给援助被害人的团体，自己分文未取，但不少民众无视他们的生活情况，大剌剌摆出厌恶的态度。

　　美国对于被害人损害赔偿的概念也流传到了日本。以前的损害赔偿是弥补损害的"补偿性赔偿"，现在则转变为制裁加害人与防止再犯的"惩罚性赔偿"。

　　某些经济案件中，惩罚性赔偿的对象是企业等必须负起产品责任的机构，被告恶意造成原告损失或违反提醒义务时，法官会判决被告必须支付高于补偿性赔偿数倍的金额。

　　日本人批评美国人爱打官司，又认为惩罚性赔偿是"用孩子的命换钱"。就算是被害人，只要破坏了他们眼中的社会秩序便也会加以攻击。

"体感治安恶化"

日本的民众对于犯罪本身究竟抱持何种认知呢？有个很有意思的调查或许可以告诉我们答案。

负责进行各类民意调查的社团法人"中央调查社"于2002 年 4 月进行了"少年偏差行为实际情况分析调查"，除了记录在册的案件，也调查了被害人未报案与警方未掌握的"黑数"，尝试借此分析少年犯罪的实际状况。

中央调查社在日本全国 268 个地点做了调查，对象是5 000 名 16 岁以上的男女，以明信片邮寄的方式回收问卷。有效问卷共 2 672 份，回收率为 53.44%。

其中关于民众对犯罪的认知，以日本全国与调查对象的居住地区为例，询问对方是否认为这 10 年来少年犯罪案件的数量有所增加。部分数据记录如下：

您所居住地区的少年犯罪案件数量与 10 年前相比：

大幅增加：13.5%

增加：47.2%

减少：1.8%

大幅减少：0.2%

持平：32.1%

现在社会上的少年犯罪案件数量与 10 年前相比：

大幅增加：62.5%

增加：29.9%

减少：0.3%

大幅减少：0%

持平：3.3%

九成以上的人感到社会上少年犯罪案件日益增加，而认为自己居住地区治安变差的，则仅仅只有六成。

至于询问今后少年犯罪的案件数量是否会增加时，调查对象的答案也呈现出相同的倾向。

您所居住的地区，今后的少年犯罪案件数量将会：

大幅增加：18.7%

增加：55.2%

减少：1.5%

大幅减少：0.3%

持平：19.8%

今后社会上的少年犯罪案件数量将会：

大幅增加：47.2%

增加：42.7%

减少：0.8%

大幅减少：0.1%

持平：5.6%

民众一方面觉得日本社会治安急速恶化，另一方面又觉得自己居住的地区治安尚可。其实客观分析少年犯罪，就会发现当时那几年的案件数量并未急速增加，大众对于犯罪的认知存在于所谓的"社会整体"，也就是远离自己的幻想空间。龙谷大学的滨井浩一教授等学者就此发表论文，指出"体感治安恶化"的根源在于人类的认知结构。

社会大众对于犯罪与治安情况的认知是通过媒体报道而形成的，并非根据自己身边的情况得出。

记者复杂的情绪

记者采访加害人家属的动机并非只是想猎奇或曝光，有时怀抱着更复杂的情绪。

2009 年 12 月 20 日，《读卖新闻》的"记者笔记"一栏，刊登了一篇年轻记者的文章，标题是《加害人家属的苦恼》。

2009 年 5 月下旬，进入报社没多久的记者石井恭平被分配到富山分局，负责采访 1 月发生的凶杀案中加害人的家人。

当天天气非常炎热，有些地区还打破了高温纪录。

石井造访加害男子的老家时，只有对案件一无所知的老祖母在家。当石井说"您的孙子今天因为杀人嫌疑遭到了逮捕"时，老祖母大吃一惊，吓到声音沙哑、全身颤抖。

石井在专栏中记录了自己当时的心情："我看到那位老祖母，想起了自己远在东京的祖母，不禁流下眼泪，心想'我居然做出了这么过分的事'。倘若我的祖母也遭遇了相同的情况，她该有多难过呢？我却把相同的痛苦加诸这位老太太身上。难道对方是加害人家属，我就可以毫无顾忌吗？"

他向加害人的老祖母表示："我知道自己对您做出了很过分的事，给您带来了困扰，但这是我的工作，还请见谅。"

之后加害人的父亲终于回到家，石井顺利取得了相关证言。这家人表示加害人小时候是个温柔的好孩子，但 10 年前他们就已经跟加害人断绝了关系。

半年后，法院判处加害男子 17 年有期徒刑。石井尝试再度造访男子老家，却遭到拒绝，无法获悉加害人家属的心情。

石井在专栏文章的最后写道："一起事件不只带给了被害人和家属痛苦，加害人家属也是一样，因此我决定今后也要持续报道这样的情形。面对老太太的眼泪，我究竟该怎么做才好呢？虽然现在还想不出答案，但是我会继续记者的工作，把那番光景烙印在心上。"

记者在一线采访时的心情能够被刊登出来，实属罕见。

危险的
媒体争夺战

加害人家属因为媒体报道而受到的影响，大体可分为两类。

第一种是报道内容错误，或是报道与案件毫无关系，严重侵犯了加害人家属的隐私，给他们的生活带来困扰。

第二种则是采访方式造成的影响。各家媒体竞相追逐采访，形成所谓的媒体争夺战，包围当事人的住宅、公司，严重影响了他们的日常生活，造成当事人心理与生理上的巨大压力。被害人与被害人家属、加害人与加害人家属，以及当地居民等相关人士都会因此受到伤害。

成员包括各大报社、NHK 和各家民营电视台的日本新闻协会，在 2001 年 12 月汇整了《日本新闻协会编辑委员会对于媒体竞相追逐采访的意见》，表示媒体必须维护报道自由，以满足公民的知情权为先，但同时也要自我克制，避免竞相追逐采访。

《意见》表示，所有采访人员必须遵守以下的规定：

1. 对于非自愿接受采访的当事人与相关人士，不应以集体包围的方式强行采访。采访对象为小学生或幼儿时，必须特别注意采访方式。

　　2. 在守灵、葬礼以及搬运遗体的现场进行采访时，必须尊重遗属与在场相关人士，不得伤害其情感，并注意衣着态度。

　　3. 前往住宅区、学校与医院等需要保持安静的场所时，不得影响附近交通与安宁。

　　倘若媒体仍旧竞相追逐报道，造成当事人的困扰，就必须彼此协商讨论解决方案，改善采访方式。换句话说，媒体界在国家权力介入之前，须尝试自行解决问题。

　　日本宪法第二十一条主张"保障集会、结社、言论、出版自由，不得事先检查。不得侵犯秘密通信之自由"。深受媒体骚扰的人需要法律援助，然而援助当事人的法律，却可能招致"国家权力侵犯报道与言论自由"的批评。

　　长年担任《朝日新闻》摄影师的松元逸认为，商业主义煽动媒体争先抢夺独家消息，是造成媒体争夺战的主因之一。例如警方将嫌疑人押回警局时的"示众"照片，"有没有拍到嫌疑人的脸、嫌疑人脸上有什么表情细节，都是判定新闻照片成功与否的条件"（《极端集中报道：验证竞相追逐采访的媒体》）。

松元认为新闻媒体应该追求"独特消息",而非"独家消息"。与其早别人一步取得相同的信息,不如从其他角度寻找新主题,深入探讨。

媒体习惯迎合大众,但究竟该报道什么,社会大众又想知道什么,必须时时提醒自己注意。

Chapter 5

第五章

各国对加害人
家属的关注

英国：
1988 年成立非政府
援助组织

在思考该如何面对加害人家属时，日本的相关人士对于英国的某个非政府组织非常感兴趣。这个组织名叫"援助受刑人与家属组织"（Partners of Prisoners and Families Support Group），简称"POPS"。

根据POPS汇整的报告，该组织在援助对象遭到逮捕后，会配合司法程序进行以下的援助活动：

> 陪同家属前往法院。
>
> 提供关于官司的各类建议。
>
> 提供电话与线下咨询服务。
>
> 陪同家属前往监狱。
>
> 在犯人出狱后，及假释、缓刑期间给予家属建议。

POPS宣称他们的使命是在加害人"被捕"、"服刑"与"出狱"三个阶段，和家属一同解决面临的问题。

家中一员遭到逮捕，家庭会因此陷入混乱，面临分崩离析的危机。援助加害人家属，目的是让犯人出狱后有家可回，降低再犯的可能性。POPS以英国国内的多篇论文和研究为根据，借由协助加害人家属、预防再犯，进而贡献社会。

POPS 的执行长法丽达·安德森（Farida Anderson）在 1988 年成立了该组织，2008 年组织的预算达 130 万英镑，总部位于英格兰西北部的大城市曼彻斯特，网络遍及全国。POPS 的成员包括 100 名员工与 30 名义工，一年援助超过 25 万名加害人家属。

安德森本人的丈夫曾因为毒品问题遭到逮捕，她一度被迫与儿子过着艰辛的生活。她因此决定建立提供援助的组织，让加害人家属互相交流、积极向前。

POPS 于 1988 年成立之际，英国国内几乎没有援助加害人家属的强大组织。加害人家属往往会被社会大众戴上有色眼镜看待，承受着巨大的心理与经济压力。

POPS 成立 20 多年后，英国王室向法丽达·安德森颁赠勋章，肯定了 POPS 的活动。如今英国警方逮捕犯人时，都会主动告知犯人家属 POPS 的信息，可见该组织在英国国内的地位。

英国：
重点援助
加害人子女

POPS 援助的重点之一是加害人的子女。在报告书《受刑人的子女》中，组织分析了受刑人子女的现况以及他们所面临的问题。

报告指出，英国每年有 15 万名以上的儿童要面对父母被捕的现实。

对于年幼的儿童，周遭的大人会以"妈妈工作忙，有一阵子不能回家"，或是"爸爸突然住院了"等说法搪塞，而非尽快告知他们事实。这些孩子在毫不知情的情况下，就被社会大众盖上了"罪犯子女"的烙印，日后知道真相时，受到的打击会格外强烈，甚至陷入精神不稳定的状态。

而一些年龄较长的儿童因为不了解案件详情，可能会怨恨警察。

这份报告同时指出，成员入狱的家庭中，有 22% 的夫妻会离婚，45% 的成员会与加害人断绝关系。

POPS 认为，年幼的加害人子女处于这样不稳定的环境中，会很容易步父母的后尘。这些承受巨大压力的儿童可能会酗酒、吸毒或偷窃，借由犯罪逃避愤怒或羞耻的情绪。

为了降低这些儿童误入歧途的概率，必须建立援助加害人子女的体系。以下是POPS的一些做法：

开设访客中心

POPS会在监狱开设访客中心，供前来与受刑人会面的加害人家属使用。这是介于外部社会与监狱之间的空间，加害人家属可以在此交流。访客中心设有游戏区，安排专属社工安抚受刑人子女的情绪，安排他们与父母见面。

提供电话咨询

为了让儿童正确了解父母坐牢的原因，POPS会提供时机和方法上的可行建议。错误的告知方式会导致儿童精神不稳定，容易因此走上歧途。具体的告知方式会因为案件情况与儿童年龄有所不同，POPS会以多年来累积的经验提供建议，每年提供上万次咨询服务。

除此之外，POPS还建立了拜访加害人家属、提供各种咨询服务的体系，也和其他非政府组织合作，协助加害人家属。

POPS目前正在搜集与分析加害人子女的资料，今后将针对对象需求，扩大援助体系与相关合作。

澳洲:
关注儿童之间的交流

援助受刑人子女的澳洲组织COPSG（全名"Children of Prisoner's Support Group"）执行的援助计划"Shine for Kids"（照耀孩子），则建立了连POPS也视为世界先驱的援助体系。

COPSG的总部位于悉尼，由当地的矫正署与社会福利单位提供资金，进行以下的援助：

成立小组

专业社工会在受刑人子女放学后指导其功课，与其一起劳作、玩游戏，或只是单纯聆听他们的心声，让儿童感受到"日常生活中有人协助"。

一日旅行

举办一日旅行，一个月一次。组织服刑人员的子女参加，不仅让他们一同游玩，也让处于相同境遇的儿童有机会交流。

会面援助

提供交通援助，协助儿童与入狱的父母会面，以免儿童出于经济因素而无法与父母相见。

笔友组织

协助儿童写信和服刑中的父母联络，或是和相同境遇的其他服刑人员子女交流。

这些援助几乎都是免费的，COPSG 同时还会组织狱中的亲子交流日活动与视频会面等。

研究报告指出，每当出现犯罪事件，背后就总会有遭到社会大众孤立、承受巨大压力的加害人子女，因此才有了1982 年 "Shine for Kids" 计划的成立。COPSG 借此推动援助加害人子女的活动，在此之前，澳洲并未出现援助加害人家属的组织或体制。

这套援助体系值得关注，不仅因为它专门援助了加害人子女，还因为它关注横向的联结，促进了儿童之间彼此的交流。

反观日本，加害人子女多半隐姓埋名，躲躲藏藏地过日子，而澳洲却为他们提供了重新建立人际关系的机会。

美国：
社会大众鼓励、
开导加害人母亲

根据美国联邦调查局统计，犯罪率远高于日本数倍的美国，平均一年的犯罪案件数量多达 11 560 000 件。其中涉及杀人、强制性交、盗窃、肢体暴力冲突的重大案件与暴力案件有 1 390 000 件，而日本则仅有 70 000 件。

在犯罪发生率这么高的美国，社会大众是如何看待加害人家属的？接下来要举的例子，大家或许会有些难以置信。

1998 年，美国阿肯色州发生了高中校园枪击事件。考虑到这是发生在高中校园的重大案件，涉及众多未成年人的人身安全，媒体于是公开了加害少年的姓名与照片。

当加害人的个人资料曝光时，美国的社会是如何对待加害人母亲的？日本记者下村健一的报道令人诧异。

加害少年的姓名曝光后，他的母亲收到了美国各地民众的来信，装满了整整两个纸箱。

然而，与日本大众对待加害人家属的方式迥然不同，信中都是鼓励少年家人的话。

日本 TBS 电视台在新闻节目《NEWS 23》中曾播放过这位母亲的受访影像，她以真名接受露脸采访。当下村询问她来信的内容时，她表示"全都是鼓励打气的话"。

下村在自己的博客上分享了几封信件的内容，其中有"现在是你儿子最关键的时候，要常常去看他""不要因为太担心犯罪的儿子，而忽略了你其他孩子的苦恼""我们镇上星期天做礼拜时为你们一家祈祷了"等等话语。

下村表示，在美国的采访生涯中，这件事带给他的"冲击最大"。

TBS播放这段采访影片时，和歌山毒咖喱事件刚发生没多久，许多人前往加害人住宅，在外墙上涂鸦。

作家森达也看到了下村的这段采访后，表示"受到了极大的震撼"，之后还向下村询问采访详情。

下村评论道："这是国民之间的差异吗？日本和美国对于犯罪与犯人的认知迥然不同。在日本，倘若公开神户连续杀害儿童事件的犯人资料，一定会一发不可收拾。"

在日本，就算加害人的个人资料并未正式公开，还是有可能被他人泄露。如前文所述，曝光个人资料会促使民众强烈攻击加害人家属。

森达也听了下村的这番话，在文章中表示："该反省的是我们每一个人。"

美国：
政府推动
狱中课程

针对狱中的服刑人员，美国政府推动了教导他们何谓"家人"的课程。根据日本更生保护协会发表的论文《更生保护设施的社交技巧训练课程》，美国从 20 世纪 90 年代中期开始，便在各地监狱推行教导社交技巧的课程。

课程会指导服刑人员在家庭与职场等各种场合中做出正确表现，带领他们学习今后生活所需的能力，避免再犯。

论文中提到，佐治亚州亚特兰大的某个机构为因家庭暴力而入狱的受刑人准备了 11 门课程，每套课程学时为 6 星期。

课程内容多种多样，包括帮助犯人达到高中毕业程度教育水平的"基础教育课程"、客观分析个人习惯的"培力课程"、学习履历写作和面试方法的"求职技巧课程"等等。

五花八门的课程中，还包括了"育儿课程"。

育儿课程会指导受刑人在子女前来会面时应对的方法，不仅能预防受刑人出狱后再犯，同时也和英国、澳洲的民间援助组织一样，具备援助加害人子女的功能。

课程讲师由学习过专业知识、获得过硕士学位的社工担任，一堂育儿课程两小时，内容包括子女的成长过程、家长在每个阶段应担任的角色、管教方法与沟通方式等等。

课程进行到第 4 周与第 6 周时，受刑人员会在监狱职员的陪同下与子女见面。当天狱方会特别开放员工餐厅，让受刑人与子女一同吃点心、上网、玩游戏等等，是十足的美式风格。

11 套课程的最后，是一个名为"移交服务"的阶段。

在这个阶段，监狱中的援助专员会和每一位受刑人面谈，讨论他们各自的烦恼，教导他们如何准备出狱后的生活。

这不仅包括出狱后的住处与工作，还包括与家人建立关系的方式。

虽然不清楚这些课程究竟成果如何，但借由这些例子，可以明白在美国的监狱，援助专员一对一协助受刑人的形式已经逐渐普及。

尽管许多日本的社工也具备相当的知识，但是要他们去监狱指导受刑人，仍有一定的难度。更生保护协会的论文希望日本至少能引进类似亚特兰大狱中的学习课程，以免受刑人员再度犯案。

日本:
2008 年成立
民间组织

日本援助加害人家属的民间组织"World Open Heart"成立于2008年，理事长是阿部恭子。她邀请律师、精神科社工与大学学者一同组建团队，组织的总部位于仙台。

World Open Heart 成立之际曾被当地的大报报道，看到报道的加害人家属于是开始陆陆续续联络组织。

其中一位加害人家属 A 表示，朋友看了报道后，告诉了他 World Open Heart 的信息。尽管有主流报社报道背书，但他并未马上联络，一方面是不清楚对方的来头，担心会是宗教团体；另一方面也非常担心这会泄露自己的隐私。考虑了一个星期，他才终于下定决心联络。

World Open Heart 的热线电话是24小时开放的，理事长阿部也总是随身带着手机，以便随时提供咨询。我在采访的过程中，好几次看到她通过电话与加害人家属长时间交流，咨询电话打来的频率颇高。

World Open Heart 每个月会举办一次"分享会"，建立加害人家属彼此交流的机会。虽然会通过网页与传单宣传分享会，但每次举办前并不会公布地点，避免引发外部骚扰。

加害人家属在分享会上交流平日的各种想法，有些人终于说出了无法对他人倾诉的苦恼，甚至流下了眼泪。我觉得来到这里的并不是"逃避责任"的加害人家属，而是在认真思考该如何面对现实的一群人。

实际上，不愿正视家人犯罪的加害人家属，往往也不会来参加这种聚会，与其他家属交流。

交流活动遵循几项规定，例如不批评发言者、不打断发言等等，以便让参加者更有勇气开口。大家也不会追问彼此的身份或是家人犯罪的细节，只是分享平日的烦恼。

参加活动的加害人家属表示，长期处于沮丧的状态中时，"参加聚会，说出所有心里话，情绪就能暂时稳定下来"。阿部认为，将烦恼说出口，虽然无法马上解决问题，却至少能够分享心声，让自己有对象可以倾诉。

World Open Heart 除了举办分享会外，还会进行单独的面谈，今后的目标则是陪同加害人家属出席庭审，必要时陪同他们前往学校、职场进行说明。

阿部认为，了解加害人家属面临的困境很重要。

"我无意主张加害人家属的权利，只是想要帮助眼前有困难的人。"

日本：
一句话就能改变
人的想法

阿部现在虽然是援助加害人家属的组织 World Open Heart 的理事长，但她在研究所时的研究主题，其实是"被害人"。

她研究该如何援助被社会人众投以好奇目光、私生活遭到媒体曝光的被害人，在此过程中，发现加害人家属也被迫陷入了类似的境地，甚至有人因此自杀。

她对加害人家属有了兴趣，研究调查后发现，日本并没有任何援助加害人家属的组织，而这类组织在欧美却是理所当然的存在。她于是开始思索这一问题，进而成立了 World Open Heart。

"我没有轻视被害人家属的意思，前提当然是要好好援助被害人家属，但也必须思考如何援助加害人家属。"

每次只要向人说明 World Open Heart 是援助加害人家属的组织，就马上会有人跳出来质问他们要将被害人家属置于何地。阿部希望社会大众明白，她是先援助被害人家属，再援助加害人家属。

关于援助加害人家属，阿部心中有一段珍贵的回忆。

她小时候参加过放学后陪伴外国小孩的义工活动，和住在日本的韩国、中国、巴西小朋友一起玩耍。有一天，有个日本小孩指着一个外国小朋友说："他爸爸是杀人犯。"

阿部觉得很可怕，老实告诉了负责人自己的心情。

"你为什么觉得很可怕呢？"

"因为那个小朋友可能会跟他爸爸一样杀人。"

小孩的想法有时比大人的更加直接残酷，然而对方听完阿部的话后，脸色并未改变，他接下来的回答，阿部一辈子也忘不了。

"为什么你会这样想呢？你长大以后会做跟爸爸妈妈一样的工作、过跟他们一样的生活吗？"

"……我想不会。"

"这样的话，那个小朋友将来也不见得会跟他爸爸一样去杀人啊。"

这句话就像魔法一样，化解了阿部的恐惧。从此以后，她可以平常对待这名杀人犯的小孩了。

一句话就能改变人的想法，阿部现在也将这一经验用在援助加害人家属上。

抱着矛盾的心态，
从事援助工作

在仙台青叶学院短期大学教导精神照护学的高桥聪美女士，也是 World Open Heart 的一员，她深深感到援助加害人家属是件非常困难的事。

高桥原本在精神科与身心科担任护士，之后前往北欧，在瑞典研究预防自杀等精神健康照护课题。回到日本之后，她根据在瑞典的经历，开始援助父母自杀的儿童。

在组织预防自杀的活动中，高桥得知交通意外肇事者和加害人的家属会因为承受不了压力而自杀，于是开始参加 World Open Heart 对加害人家属的援助，将之视为预防自杀活动的一环。

一般来说，自杀的原因包括负债累累、疾病缠身、遭到中伤或霸凌等等。实际上，来到 World Open Heart 咨询的加害人家属中，有不少家长表示想跟犯罪的子女一起自杀。

高桥有时也会想象自己的孩子被卷入犯罪案件、成为被害人，心情十分复杂。

"面对加害人家属，我觉得必须协助对方面对问题。但是如果自己的小孩被害，我一定会非常痛恨加害人和他的家人，绝对没办法向对方伸出援手。"

被害人身处绝望的深渊，当然无法轻易原谅想恢复平静生活的加害人家属。如果是事关人命的案件，被害人家属更是要背负一辈子难以愈合的创伤。

尽管抱着矛盾的心态，高桥却还是持续援助着加害人家属。她表示："我毕竟不是被害人也不是加害人。社会中应该有非当事人可以做的事，或是应该做的事。"

刚开始援助时，高桥很在意别人会如何看待她，担心支持加害人家属，会引发批判她不尊重被害人的声浪。

尽管如此，援助被害人家属与加害人家属之间难道就没有共通点吗？高桥表示："无论是哪一方，都希望不要再有更多无辜的人因此受伤。看到眼前有人痛苦迷茫，就必须伸出援手。"

各种意见互相激荡，
才是健全的社会

日本社会该如何对待加害人家属？这并不是个简单的问题。我试图直接询问通过采访认识的相关人士。

每个人的回答都有其独特考虑。有些人是考虑到加害人及其家属的立场，有些人是怀着尊重被害人的心情，每个人站在自己的立场慎重回答，态度基本可分为三种：

1.加害人家属必须担负与加害人同等的责任，也应该受到社会的制裁。考虑到被害人的心情，尽管每个案例状况不尽相同，但加害人家属基本上不该被援助。

2.援助加害人家属可以让加害人出狱后有家可归，进而预防再度犯案。

3.理想的人际关系是看到有人需要帮忙就伸出援手。在这个人际关系瓦解、安全感丧失的时代，更应该重新思考社会福利，援助加害人家属。

其中认为不需要顾及加害人家属、持立场一的人比较多。另一方面，立场二与立场三无法完全割裂，只是出发点不同。立场二是站在预防再度犯案，也就是促使犯人改过自新的角度，而立场三是站在社会福利的角度。选择的立场不同，理想的社会形态也会随之改变。

我个人认为，持立场二，也就是主张预防犯罪的人，与加害人家属大多没有直接接触，是以理论优先。

持立场三，也就是主张社会福利的人，则大多亲眼看见过加害人家属的处境，因此重视实践胜于理论。

我在这里并不是要说孰优孰劣，而是想强调立场不同，人们的目标自然也不一样。

持不同立场的人互相批评很常见，社会建立在民主体系之上，多种意见互相激荡，才是健全的社会。

对一般人而言，或许我们很少会思考该如何对待加害人家属，但要知道，完全消灭犯罪活动并不可能，只要有犯罪，就会有加害人家属，这个问题始终是存在的。

是什么
使罪行发酵？

我们可以通过社会控制理论，来了解社会带给加害人家属的压力。

这一理论的核心概念是：人性本恶，如果条件允许，人就会做坏事与犯罪，所以无须解释人为什么会犯罪，反而应该研究人为什么不犯罪。

在这一体系下，特拉维斯·赫胥（Travis Hirschi）提出了"社会键理论"。赫胥教授在 20 世纪 60 年代发表了《偏差行为的原因》，尝试分析儿童犯罪与家庭、社会的关系。结果发现儿童不犯罪，是因为和社会有所联结，而和社会联结薄弱的儿童则会犯罪。

赫胥提出了 4 种社会键（社会联结）：

依附：对家人、学校、朋友的感情依恋。

奉献：对社会目标的追求。如果渴望社会承认的成功，就不会冒着损害前途的风险去犯罪。

信念：如果对社会规范产生疑问，走上犯罪道路的可能性就更高。

参与：参加社会活动。人若奉献时间精力去参加社会活动，犯罪的可能性就会降低。

一旦意识与了解到这些社会键，人就不容易犯罪。想到犯罪会给家人带来麻烦或是害自己失去工作，人在想要顺手牵羊时就会自制。倘若处于自暴自弃的状态，连会遭到牵累的家人也没有，就容易发生犯罪行为。

社会学理论不见得能够解释所有实际的情况，然而，对于想要了解犯罪与社会联结的人而言，它能够提供很多启发，在犯罪发生时帮助我们思考"是什么制造了让罪行发酵的温床"。

援助
加害人家属
任重道远

日本的《犯罪被害人等基本法》于 2004 年 12 月 8 日确立，是援助被害人长久努力之路上的一座里程碑。以往社会大众总会对被害人投以好奇的眼光，在相关人士经年累月的努力之下，终于催生了这项法案。

法案中写道："许多被害人至今不仅权利未获尊重，亦未获得充分的援助，被迫孤立于社会之外。不仅在案件中受到了直接伤害，案发后受到二次伤害的人亦不在少数。"

20 世纪 90 年代，日本刚开始出现保护被害人与家属的呼声、推行援助运动时，与现在的情况有天壤之别。当时不仅是被害人，连向他们提供援助的人都必须隐瞒自己与被害人的关系，以匿名方式接受电视台或是报社采访。

明明是受害者，却因为害怕邻居、社会大众与媒体充满好奇与偏见的眼光，只能低调过日子。

2001 年 1 月 23 日，日本首次召开"犯罪被害人的控诉论坛"时，来自全国的被害人倾诉了自己面对的困难，社会大众才终于开始体谅他们的处境。

《犯罪被害人等基本法》中写道："我们必须负起责任，抑制犯罪，建立让所有公民得以安心生活的安全社会，同时也必须倾听被害人等人的心声。现在正是所有公民都可能成为被害人的时代，必须制定站在被害人立场的政策，为实现保障被害人权利与权益的社会，踏出新的一步。"

就连被害人都耗费了漫长的时间才终于争取到了自己的权利，想要建立援助加害人家属的制度，想必更要花上好几倍的时间。

持续采访加害人家属后，我终于有机会请教一位犯罪学界的权威。这位学者熟知被害人身处的困境，对于加害人与加害人家属所面对的问题也有其见解。

他表示："被害人家属与加害人家属都能得到援助的社会，才是成熟健全的社会。因此就算要花上很长的时间，建立能正常援助加害人家属的环境仍是非常重要的。"

后记

东野圭吾的畅销小说《信》以一位杀人犯的弟弟为主角，描写了他因兄长犯下盗窃杀人的罪行而陷入的困境。

他因为哥哥的罪行而不得不辞去工作，被迫与女友分手，遭到社会孤立，好不容易找到一份新工作，又受到歧视与冷漠对待。自暴自弃时，老板对他说："你哥哥没想过你一个人在外面有多痛苦。你现在所遭受的痛苦也是你哥哥必须接受的惩罚。你可以恨你哥哥，但是恨我们就不对了。"

发生在加害人家属身上的悲剧，追根究底，源自加害人犯下的罪行。加害人没想过自己的行为会把家人卷进来，害家人受苦。

反过来说，如果加害人能事先想到这一点，或许就不会一时冲动而犯罪了。我希望这个视角能为社会带来些许帮助，因而写下了这本书。

以加害人家属为采访对象，经常让我遭到斥责："你把被害人家属置于何地？"

现在的社会的确还缺乏对被害人与被害人家属的援助，有人认为此时讨论如何援助加害人家属言之过早，也是可以理解的事。

我无意高声呼吁加害人家属的权利，但是我认为，让社会大众了解加害人家属的现况是有意义的。

这本书以 2010 年 4 月初 NHK 电视台播放的《今日焦点》其中一集《加害人家属的自白》为基础，大幅加入了没有被剪辑进节目的信息。

节目得到了主播国谷裕子、当时的统筹岩堀政则与总策划荻野太郎的协助，尤其受惠于荻野太郎。倘若没有他们的同意，这么困难的议题不可能登上电视媒体。摄影师米津诚司在采访现场和我一起绞尽脑汁，他所建构的影像平稳沉静，却又隐含着打动人心的信息，而音控师石井和友与剪辑师阿部菊乃也以不同形式为我提供了指导与建议。制作部门的工作人员同样给予了许多协助，实在感激不尽。

本书也得到了幻冬舍的四本恭子女士的建议与帮助，谨在此致谢。

除此之外，本书各章节中引用了大量加害人家属的手记和采访报道，这些翔实的资料让我得以探讨距今久远的事件。

身为媒体工作者，在为了写作本书而进行的采访中，我再次意识到应该注意媒体的角色与影响力。执笔本书并非易事，然而它让我有了重新审视自己工作的机会，也在此向各位相关人士表达由衷的谢意。